www.magisterio.com.co

Peña Ramos, Jorge
    Cómo dibujar : historietas, caricaturas y humor gráfico /
    Jorge Peña Ramos. -- Bogotá : Cooperativa Editorial
    Magisterio, 2009.
    120 p. : il. ; 24 cm. -- (Colección Artísticamente)
    Incluye bibliografía.
    1. Tiras cómicas, historietas, etc. - Dibujos 2. Tiras cómicas, historietas,
etc. - Técnica 3. Caricatura - Dibujos 4. Caricatura - Técnica 5. Humor
gráfico - Dibujos 6. Humor gráfico - Técni
I. Tít. II. Serie.
741.5 cd 21 ed.
A1135585

CEP-Banco de la República-Biblioteca Luis Ángel Arango

Jorge Peña Ramos

Cómo dibujar:

Historietas, caricaturas y humor gráfico

artística**mente**

MAGISTERIO

artísticamente
MAGISTERIO

Cómo dibujar
Historietas, caricaturas, y humor gráfico

Autor
© Jorge Peña Ramos

Libro ISBN: 978-958-20-0899-4

2009. Primera edición
2011. Segunda edición
2016. Tercera edición

© Cooperativa Editorial Magisterio
   Diagonal 36 Bis (Park Way) No. 20-70
   PBX: 338-3605
   Bogotá, D.C. Colombia
   www.magisterio.com.co

Contenido

Presentación

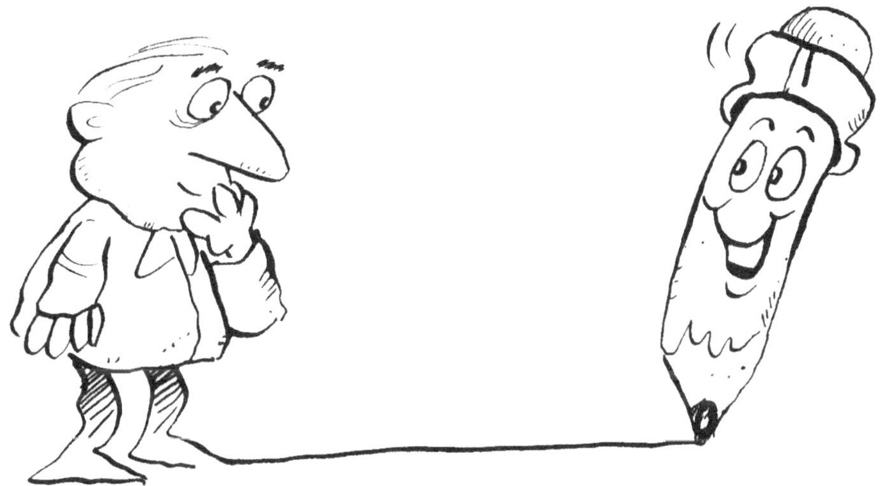

El grafismo como medio comunicativo dentro de la historieta, la caricatura y el humor gráfico, permite comprender una estructura narrativa formada por la secuencia progresiva de pictogramas, en los cuales pueden integrarse elementos de escritura fonética. El pictograma constituye históricamente la forma más primitiva de escritura y se define como un "conjunto de signos icónicos que representan gráficamente el objeto u objetos que se trata de designar". Como estadio lingüístico, el pictograma precedió al invento de la "escritura fonética", sistema comunicativo mucho más abstracto que reproduce, uno a uno, los elementos sonoros que constituyen las palabras. La escritura fonética está formada por un sistema de signos altamente convencionales y por ello mismo es menos universal que el pictograma como instrumento de comunicación. Como ejemplo podemos decir que una breve línea curva, integrada en un óvalo de rostro puede adquirir el significado de boca, y que dos puntos pueden adquirir el significado de ojos.

Dentro de la secuencialidad gráfica, la "estructura narrativa" presupone, necesariamente, un discurso sintagmático, que en las historietas o cómics procede históricamente de las aleluyas y cuyo más remoto antepasado sería la escritura jeroglífica. Pero, como no toda secuencia es necesariamente "narrativa", (puede ser "descriptiva" o de análisis espacial), es preciso incorporar este elemento a la definición

"Escribir" para el Arte Secuencial, puede definirse como la concepción de una idea, la disposición de los elementos gráficos, la construcción de la secuencia de la narración y la composición de los diálogos, es el acto de tramar un tejido.

Al escribir con la sola palabra, el autor dirige la imaginación del lector. En la narración gráfica (historietas, caricaturas, humor gráfico), al lector se le da lo imaginado. Una vez dibujada, una imagen se convierte en una exposición precisa que no requiere mayor interpretación. Cuando los dos se "mezclan", las palabras se sueldan a la imagen y ya no sirven para describir, sino para proporcionar sonido, diálogo y textos de apoyo. Existen también, narraciones gráficas sin apoyo de textos. Para su entendimiento el lector tiene que observar y "leer" muy detenidamente cada una de las imágenes que aparecen dentro de las viñetas.

Hoy en la formación educativa, se debe contemplar la enseñanza de la narración gráfica, como un soporte más para el mejor entendimiento de ideas, en donde el apoyo está fundamentado por imágenes, expresiones y secuencialidad.

Para la comprensión de las imágenes se requiere de una experiencia visual común, en donde la imagen se usa como un elemento comunicador. El éxito o fracaso de este método de comunicación depende de la facilidad con la que el alumno reconozca el signifi ado y el impacto emocional de la imagen. Por tanto, la presentación y la universalidad de la forma elegida son decisivas. El estilo y lo apropiado de la técnica se convierten en parte de la imagen y de lo que ésta quiere decir. Así pues, si el profesor de dibujo quiere hacerse entender dentro de la narrativa gráfica, necesita conocer la experiencia vital del alumno. De esta manera se ha de establecer una influencia recíproca, pues el profesor evoca imágenes que permanecen almacenadas en las mentes de ambos, para comunicar un lenguaje basado en una experiencia visual y una fácil comprensión de la combinación imagen-palabra.

No perdamos esa capacidad que tienen los niños al dibujar, en donde el descubrimiento y el asombro están latentes. Con sus primeros trazos (por cierto muy seguros) el niño empieza a describir, por medio del dibujo, formas y espacios para adentrarse poco a poco en la "progresión secuencial". Es aquí cuando el profesor de dibujo debe apoyarlo para la comprensión de la narración gráfica y hacer claridad en cómo transformar la mirada en visión e indicarle que no puede haber un diseño sobre un papel que no obedezca a un diseño mental previo; en donde, enseñar a ver es más difícil que enseñar a manejar el lápiz.

La línea como trazo inicial para los dibujos es simple y pura, y sus relaciones buscadas con los objetos o las ideas, obliga a intervenir disciplinadamente a la inteligencia.

Vivimos una era visual, en donde lo gráfico cumple un factor muy importante como medio de expresión y de difusión masiva; en este caso concreto, nos referimos, específicamente, al dibujo de historietas, caricaturas y humor gráfico.

Cada una de estas expresiones, dado su contenido, cumple un rol diferente para comunicar visualmente aun estando apoyadas por el mismo grafismo. La historieta es una narración cuadro a cuadro en donde su secuencialidad permite el desarrollo del lenguaje gráfico. La caricatura es la representación de alguien mediante la acentuación o exageración de los rasgos más característicos de su fisonomía. El humor gráfico es la representación de situaciones cómicas mediante el uso del dibujo humorístico.

Este libro le va a permitir conocer, practicar y diferenciar cada uno de estos temas de la expresión gráfica, aquí tratados

Aprender el uso y manejo narrativo de este lenguaje a partir de grafi - mos, permite una comunicación más fácil y atractiva visualmente.

Historietas

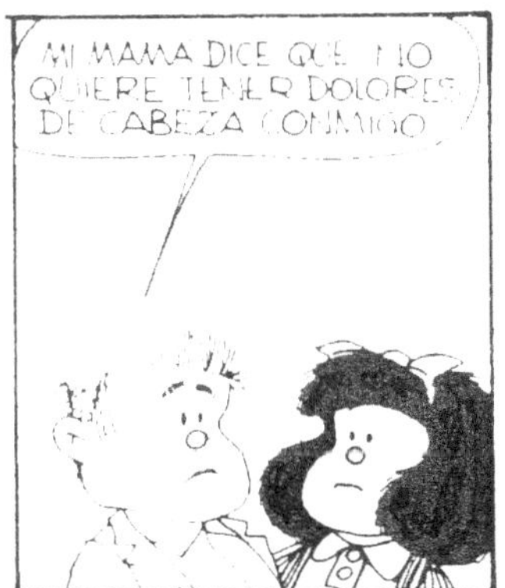

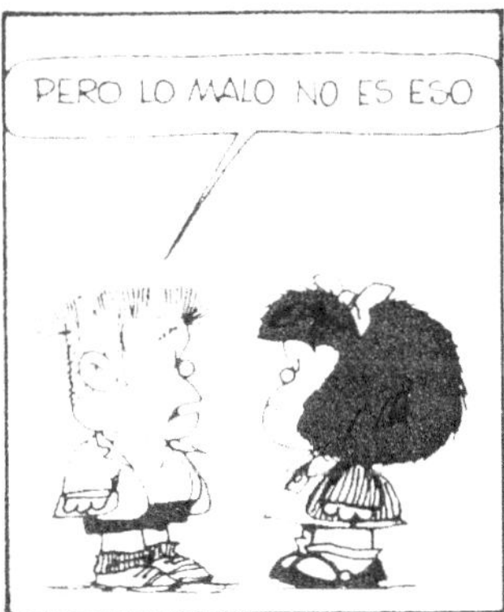

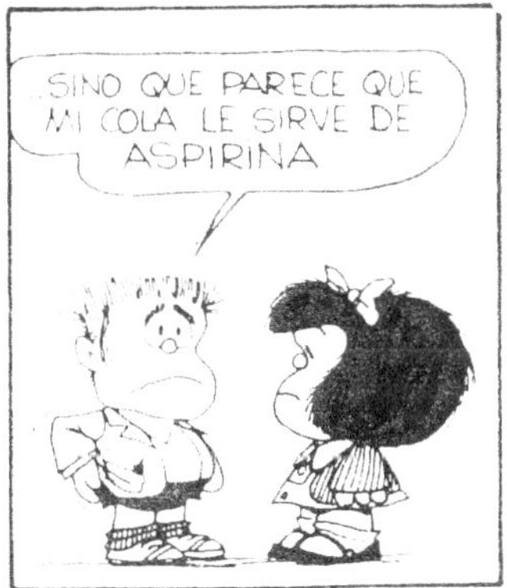

Mafalda, 1964. Creación y dibujo de Joaquín Salvador Lavado, "Quino".

El dibujo de las historietas es más narrativo que ilustrativo. Por su sola estructura visual atrae más rápidamente el interés del lector, convirtiéndose en un medio de comunicación muy positivo. El manejo de las diferentes imágenes y ángulos de visión dentro de cada una de las viñetas, hacen que el dibujo sea más ágil y dinámico para cumplir con el mensaje deseado. Las historietas, por su semejanza con la realidad, permiten que cualquier lector comprenda las imágenes así éstas contengan textos escritos en otras lenguas. La integración del lenguaje de la imagen y del escrito es la base para el desarrollo de una historieta clásica.

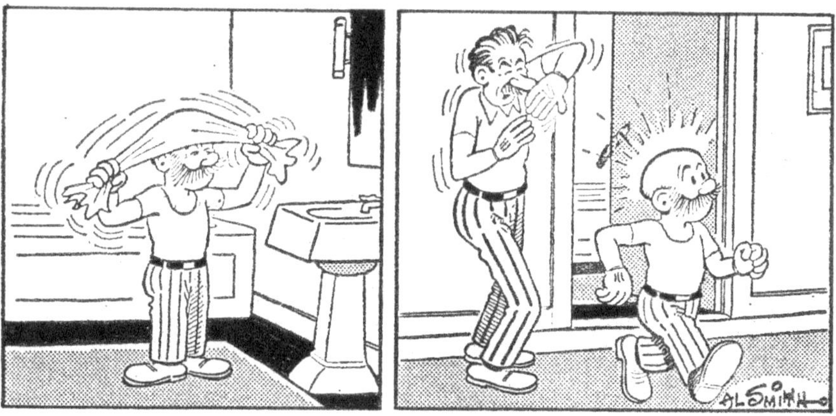

Mutt y Jeff, Benitín y Eneas, 1907. Creación de Bud Fisher y dibujo de Al Smith.

Hoy encontramos, sin embargo, algunas historietas en las que el lenguaje escrito no aparece, sólo se le da importancia a las imágenes para hacer la narración y se denominan historietas "mudas". Aquí las imágenes para ser entendidas deben resolverse con códigos universales para expresar una idea de manera clara.

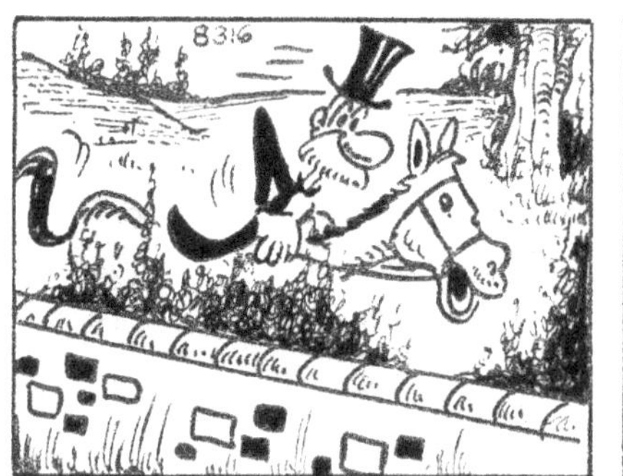
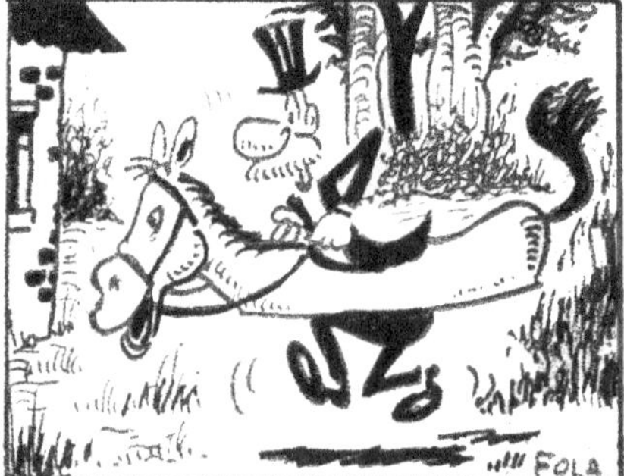

Tío Barbas, 1938. Creación y dibujo de Geoffrey Eduardo Foladori, "Fola".

La historieta como tal es un lenguaje, que surge como expresión de la era industrial en el siglo (XIX) que permitió su aparición en los periódicos y revistas del momento, formando parte de los grandes medios de comunicación masiva. A pesar de ser un fenómeno cultural, es un producto industrial de penetración masiva que le da esa característica específica, con la influencia de casi todos los medios culturales.

Esta "literatura de la imagen" como se denomina también, a las historietas; es simplemente una forma gráfica de comunicación entre los autores y los lectores a partir de una narración elaborada por dibujos y masificada por el proceso industrial de impresión

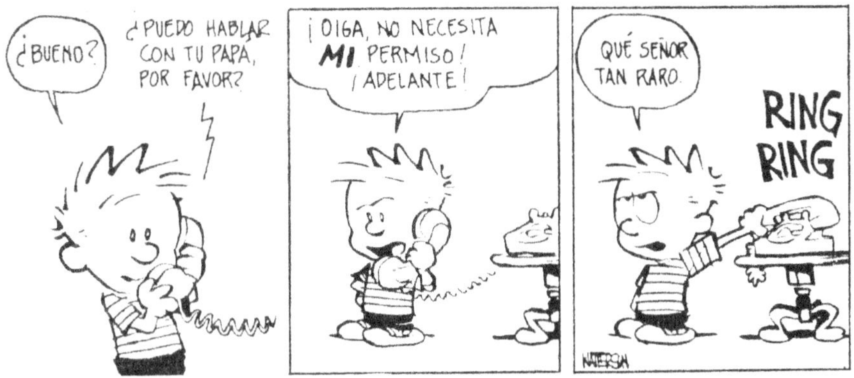

Calvin y Hobbes, 1985. Creación y dibujo de Bill Watterson.

En sus inicios, la historieta se identificaba por tener un personaje o héroe fijo que era el que ejecutaba la narración. Hoy se permite su empleo en variedad de temas muy serios y definidos, desde históricos, educativos y hasta científicos.

Las historietas reciben diferentes denominaciones, según el país donde se producen.

En Italia se llaman Fumetti. Esta denominación la toman a partir de la forma que tiene el globito, muy parecido a una nube de humo, en donde van escritos los diálogos de los personajes. Fumetti, significa "humitos".

- En Francia las denominan Bande Dessineé, que traduce "tira dibujada".
- En España las denominan Tebeo, que proviene del título de una de las primeras publicaciones infantiles de historietas (TBO).
- En Estados Unidos, se llaman Comic Strip, "tira cómica".
- En Colombia, se llaman "monos".

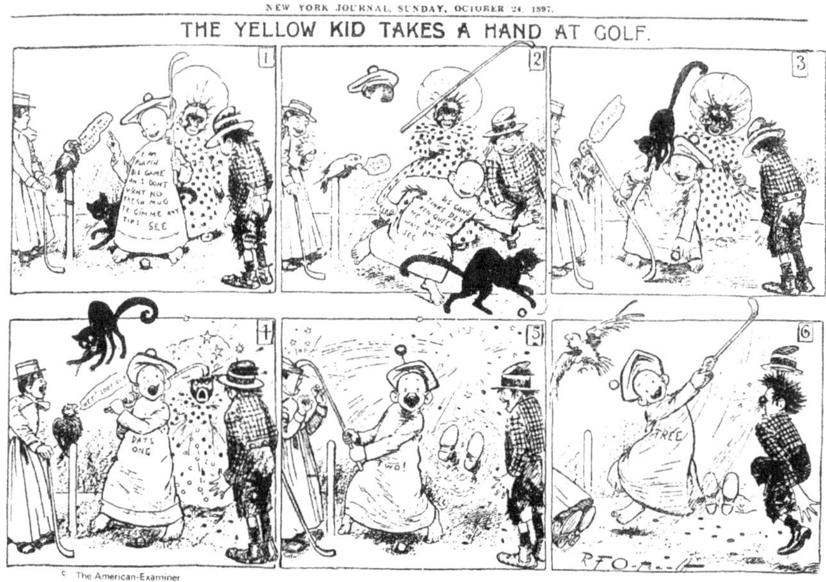

The Yellow Kid, 1895. Creación y dibujo de Richard Felton Outcault.

A estas narraciones gráficas, en sus inicios, se les denominó cómics, porque su tratamiento fue esencialmente cómico. El dibujante Richard Felton Outcault fue quien creo el primer cómic titulado The Yellow Kid (El chico amarillo). Este apareció publicado en julio de 1895 en las páginas del periódico New York World. Se puede decir cómics o historietas, las dos palabras se refieren a lo mismo. En el año de 1929, en los Estados Unidos, se inicia la edad de oro de los cómics o historietas con el dibujo de personajes "serios" como Buck Rogers, Tarzan, Dick Tracy, Flash Gordon, Terry y los Piratas, Superman, El fantasma... y muchos más.

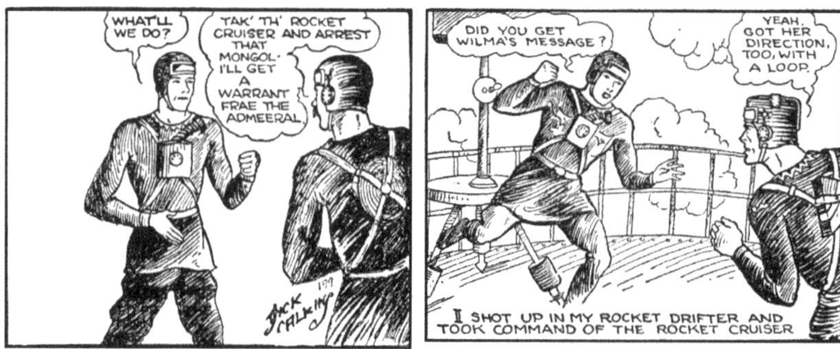

Buck Rogers, 1929. Dibujo de Dick Calkins.

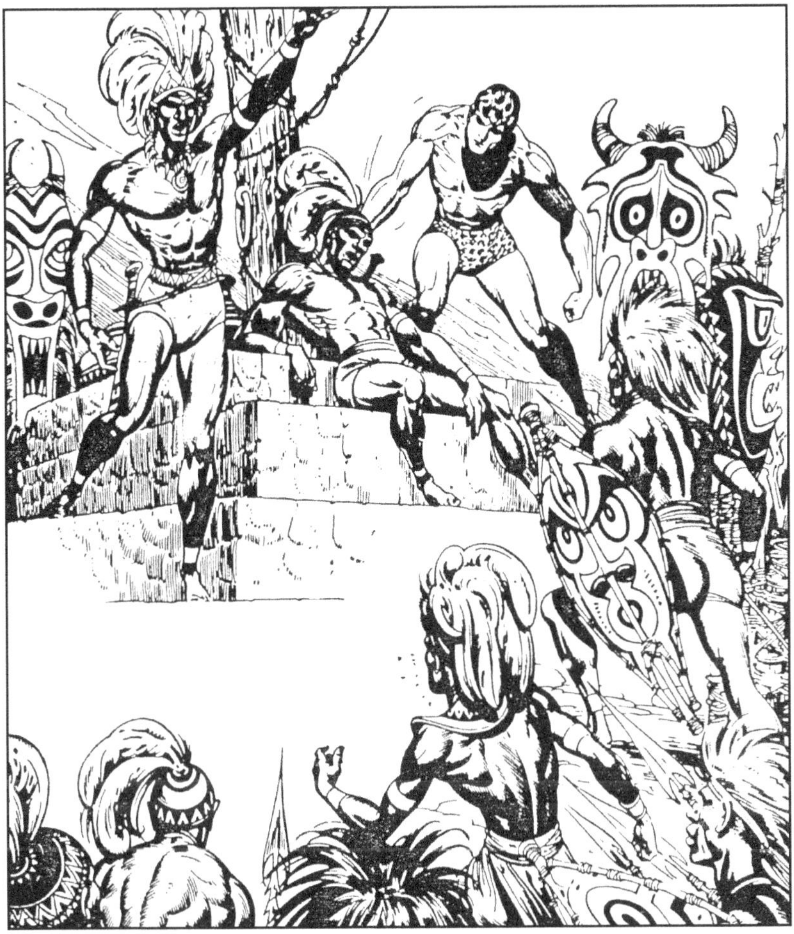

Tarzan, 1929. Creación de Edgar Rice Burroughs y dibujo de Burne Hogarth.

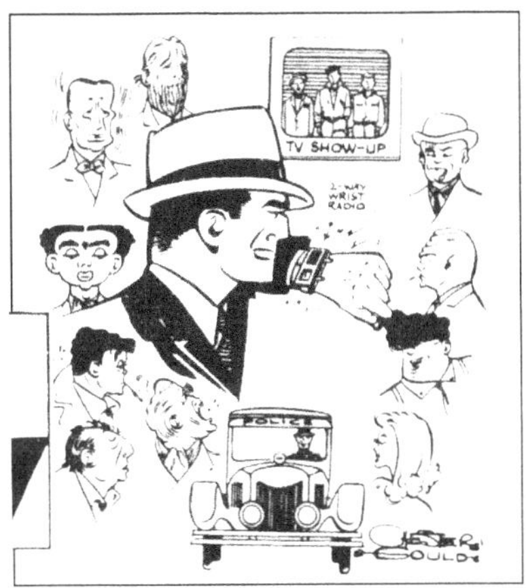

Dick Tracy, 1931. Creación y dibujo de Chester Gould.

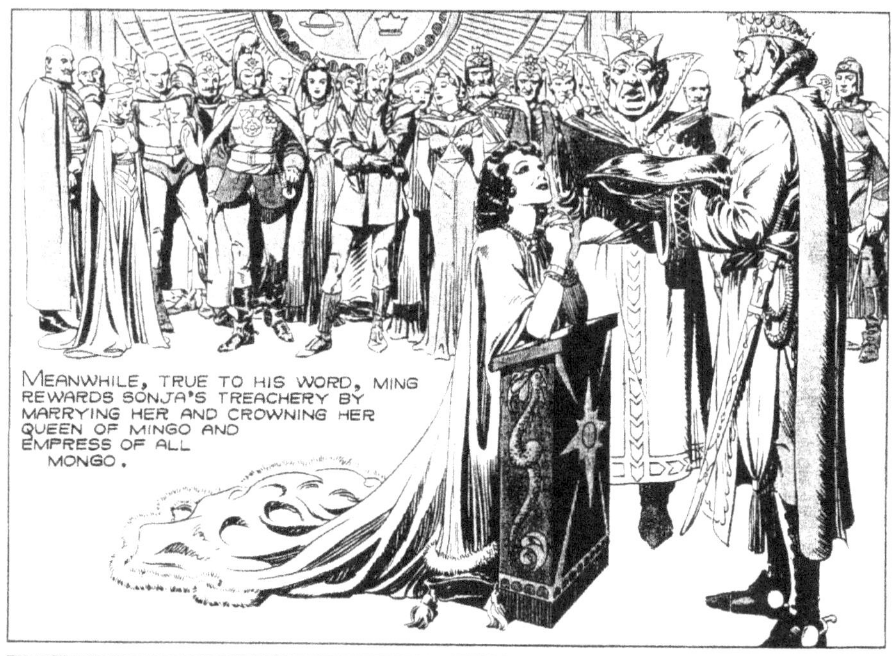

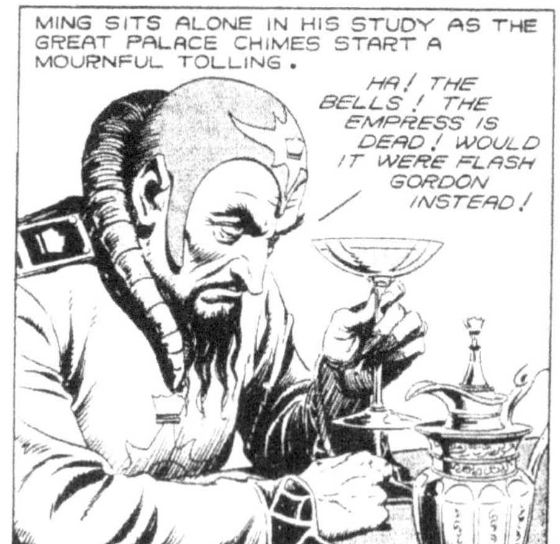

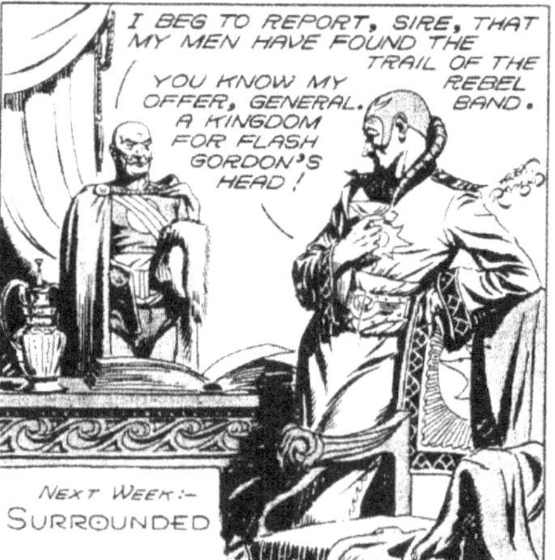

Flash Gordon, 1934. Creación y dibujo de Alex Raymond.

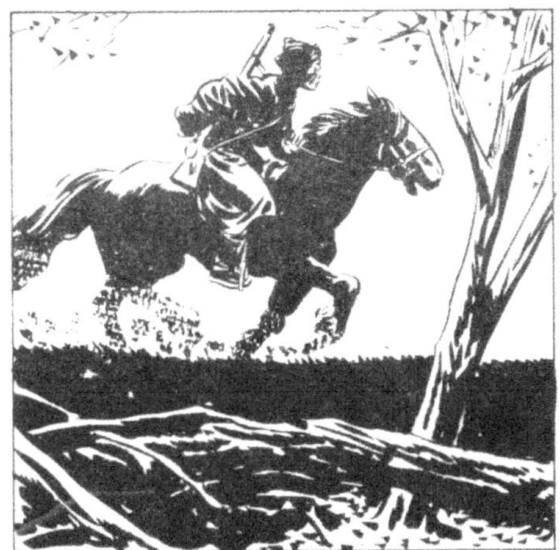

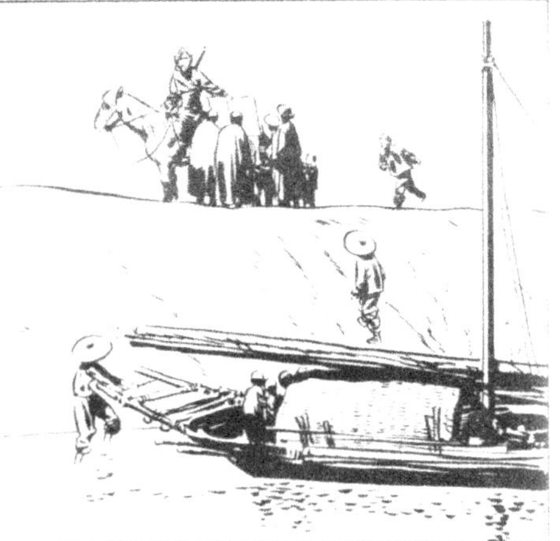

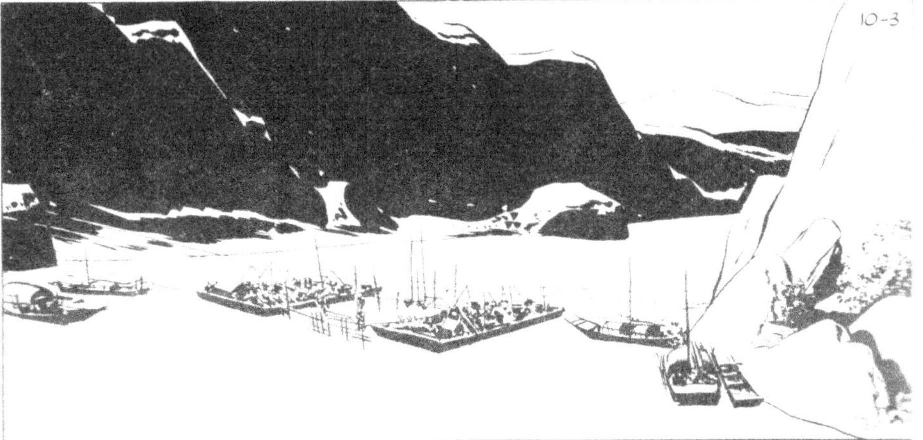

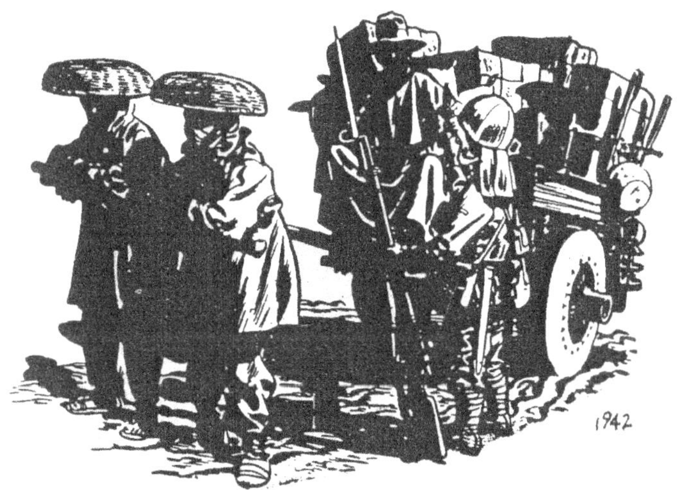

Terry y los piratas, 1934. Creación y dibujo de Milton Caniff.

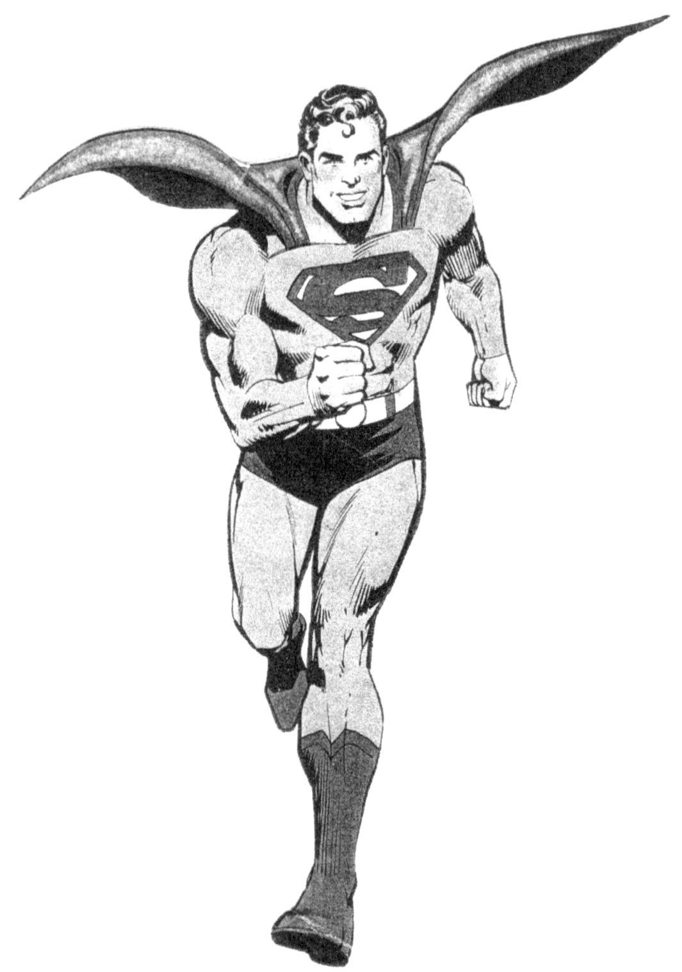

Superman, 1938. Guión de Jerry Siegel y dibujo de Joe Shuster.

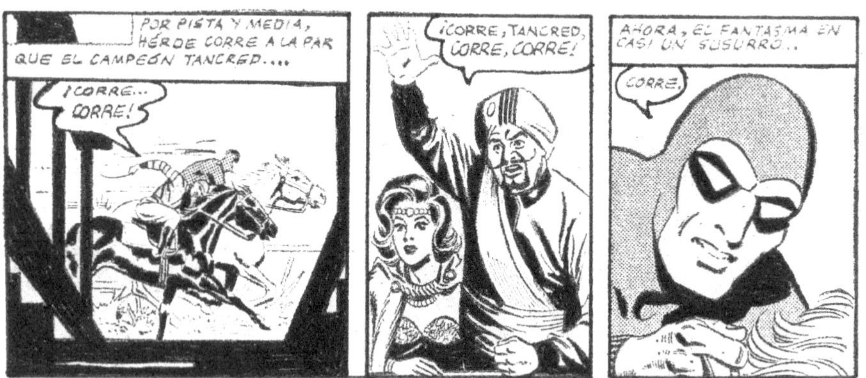

El fantasma, 1936. Guión de Lee Falk y dibujo de Sy Barry.

En la actualidad, el interés por las historietas implica una posición de estudio y respeto, que ha abierto campos insospechados tanto para el artista, sicólogo, sociólogo, profesor, cineasta, lector o simple espectador, que desee investigar cómo, a través de sus diversos planteamientos gráficos, se puede llegar a una comunicación visual efectiva.

Los grandes maestros de la pintura no han estado tan lejos de manifestar en sus trabajos, antecedentes claros de la historieta, como es el caso de Goya en la captura del bandido Maragato por el monje Pedro de Zaldivia. Muestra de lo que sería una historieta sin palabras.

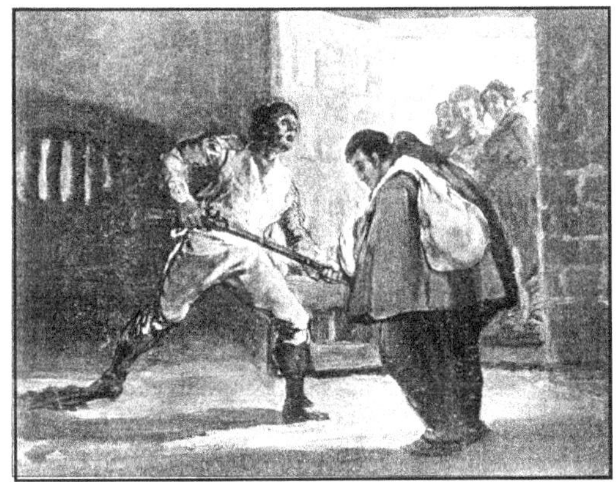

1

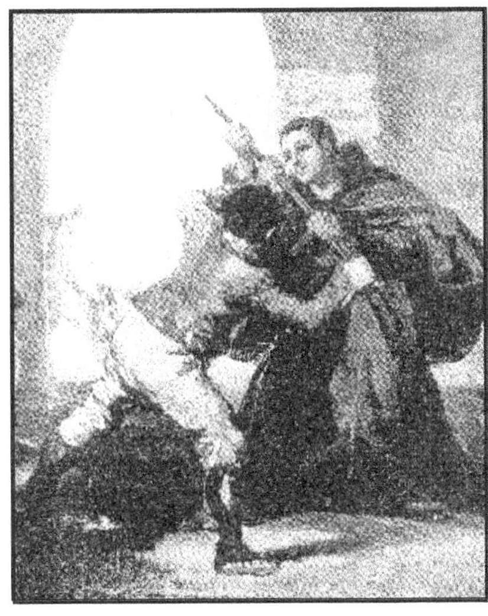

2

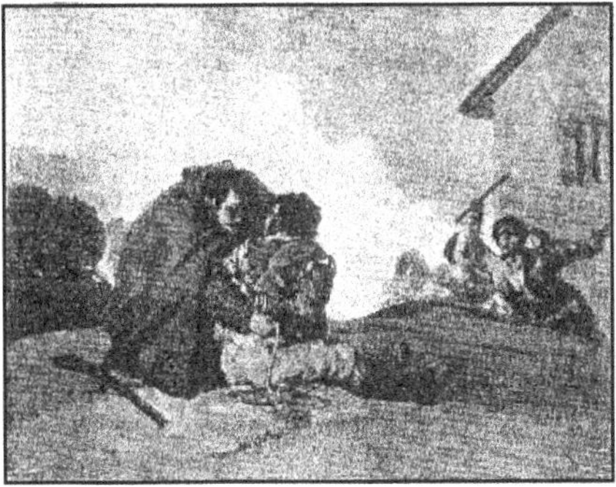

3

Secuencia de la prisión del bandido Maragato.

También el maestro Pablo Picasso con sus apuntes realizados a modo de "aleluyas", con motivo de un viaje que realizó a París en compañía de Sebastián Funyer, demuestra claramente el interés por incursionar en el campo de la literatura de la imagen. En Francia en el siglo XVII, se realizaban historias en una hoja de gran tamaño, repleta de dibujos que luego se plegaba en cuatro y era difundida por los pueblos mediante vendedores ambulantes, junto con poesías y estampas religiosas.

Estas estampas se daban al pueblo el sábado santo y al paso de las procesiones, llevaban una poesía religiosa que terminaba con la expresión "aleluya", por afinidad les dieron el nombre de *aleluyas* a los pliegos de láminas ilustradas.

Dentro del movimiento artístico llamado *pop art* (arte popular) se destaca el artista Roy Lichtenstein, quien se hizo famoso por sus enormes cuadros basados en viñetas de las historietas. Sus obras aparecieron en portadas de revistas tan importantes como Time, Newsweek, L`express, etc.

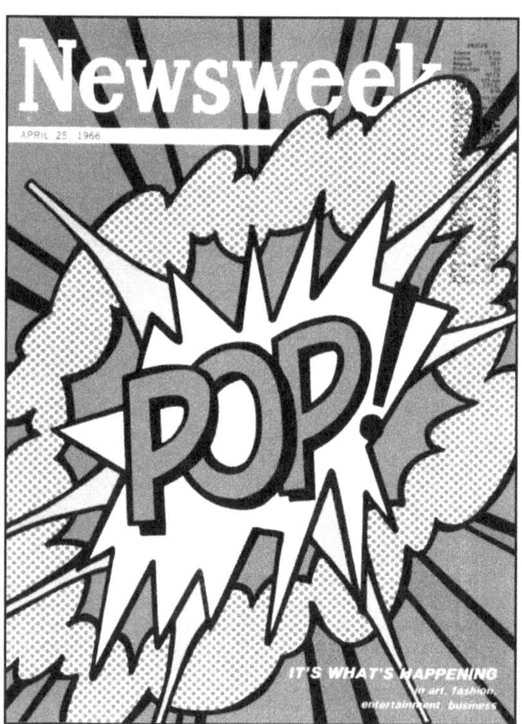

Obra de Roy Lichtenstein.

El pop art integra la historieta como cosa propia. El diseño gráfico la aplica por medio de íconos, para crear nuevos caminos de expresión visual. Sirve de tema para películas y hasta obras de teatro.

El gran director de cine Fellini se reconoció como deudor en su arte de la historieta que se impone como algo contemporáneo por excelencia.

Tal importancia implica el planteamiento de algunos factores que sirven para explicarla; en este caso el lenguaje gráfico como medio de comunicación masiva. No hace falta demostrar la importancia, variedad y riqueza de su lenguaje específico, lenguaje que han sabido construir a través de los años sus diferentes autores, sino admirar, cada día las nuevas propuestas y creaciones gráficas de autores óvenes.

Según la clasificación de estetas, y dada su importancia como medio expresivo y de comunicación, la historieta o tira cómica ocupa hoy la categoría de *Noveno Arte*.

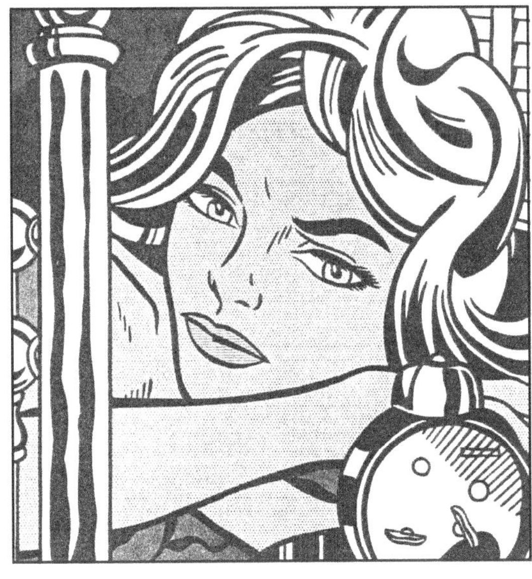

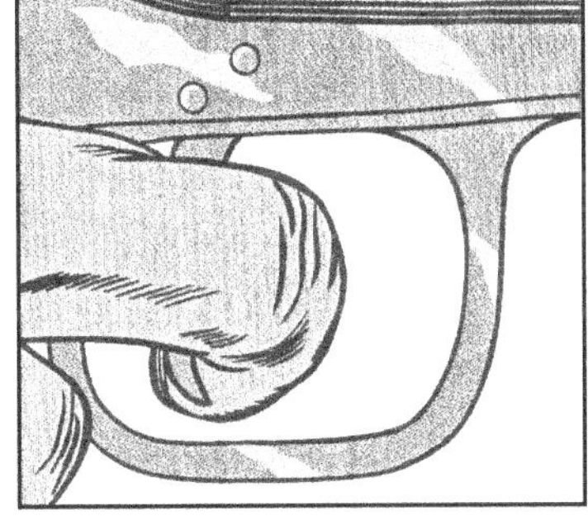

Dibujos de Roy Lichtenstein

Estructura, composición y contenido de las historietas

La viñeta

A través de un espacio se busca por medio del texto y de la imagen indicar el paso del tiempo en secuencia de segmentos llamados viñetas, que agrupándolas forman las historietas.

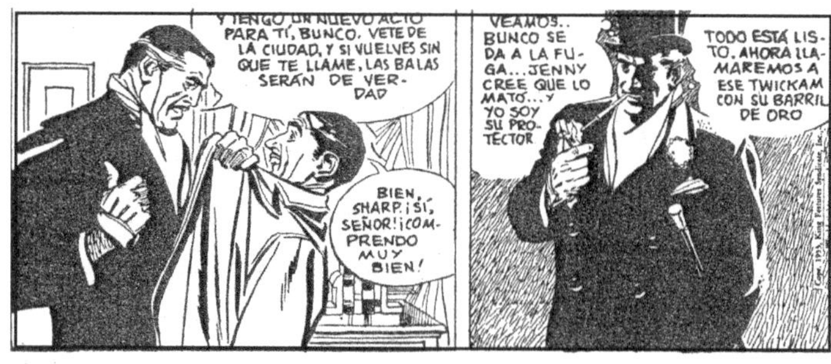

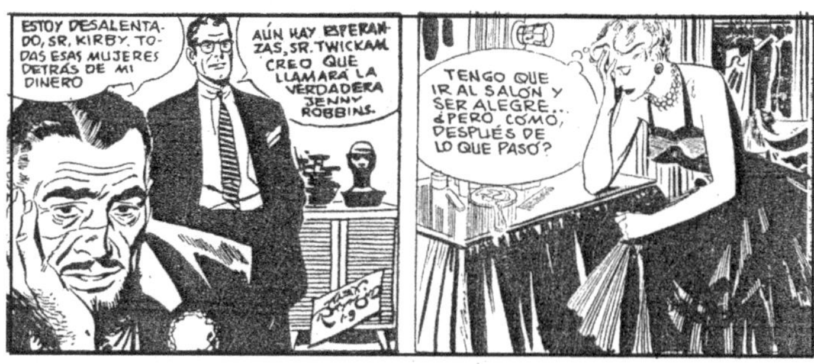

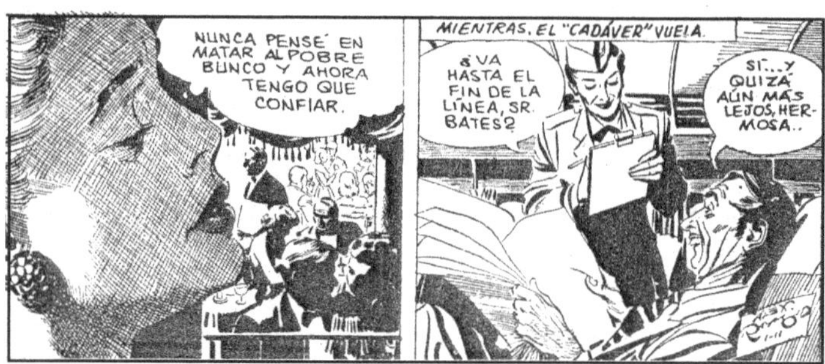

Viñetas de Rip Kirby. Dibujo de Alex Raymond.

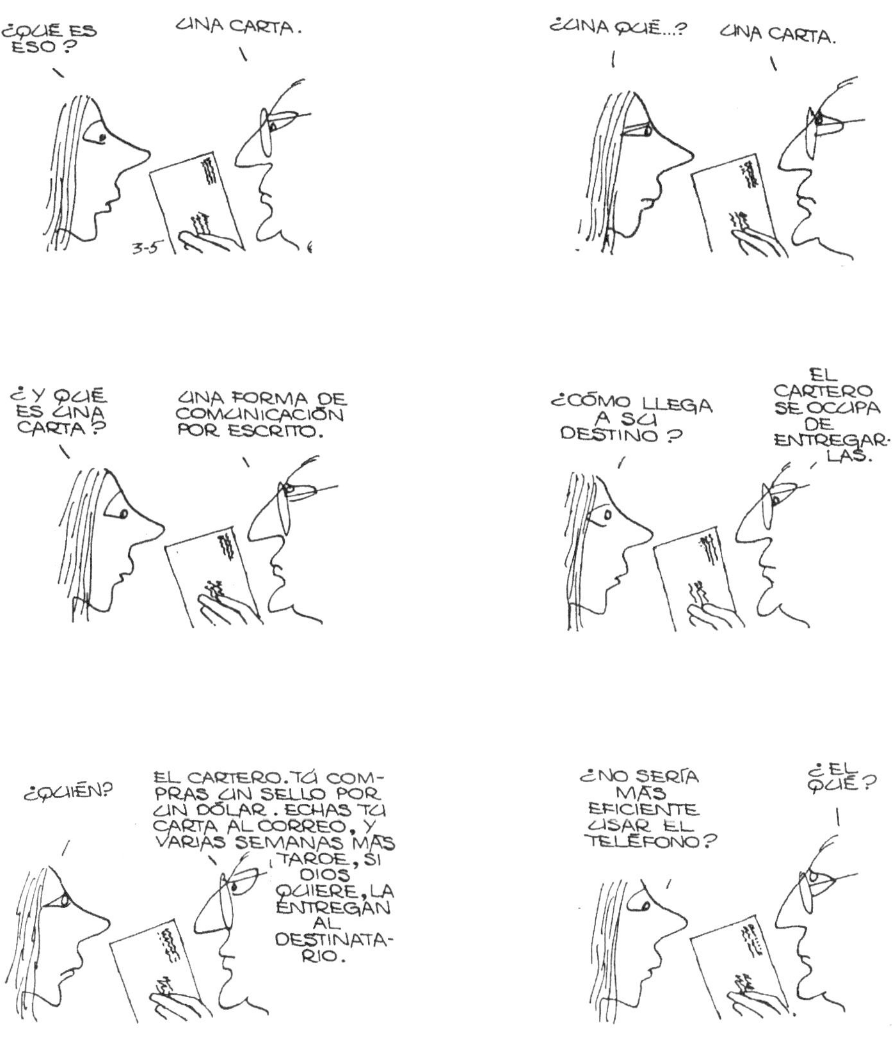

Dibujo de Feiffer.

La viñeta es un espacio dibujado delimitado por un cuadrado o rectángulo en donde se dibuja una acción, acompañada con textos o sin ellos. En las historietas de hoy en día o modernas no se hace frecuente esta delimitación, no hay líneas visibles de separación entre viñeta y viñeta (si se quiere trabajar así); también pueden existir variantes en la combinación de formas y tamaños de las viñetas, para evitar la simetría que hace ver monótono su contenido gráfico.

La variedad de tamaños de las viñetas permite transmitir algo referente a la acción que transcurre dentro de ellas. Se puede presentar,
algunas veces, que una sola viñeta llega a ocupar toda una página

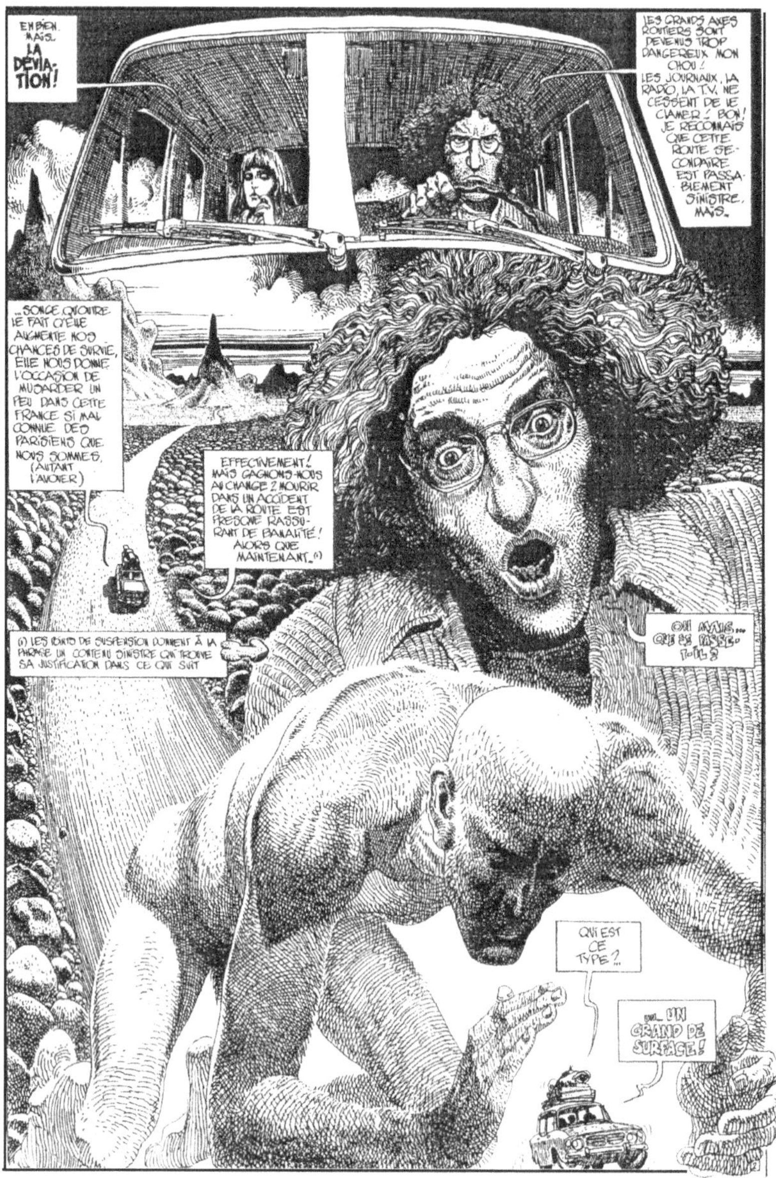

Dibujo de Jean Giraud "Moebius"

y los dibujos que la componen, en forma individual se relacionan libremente con los más cercanos.

El lenguaje de las historietas utiliza una sucesión de viñetas para describir un acontecimiento, lugar o época de lo sucedido.

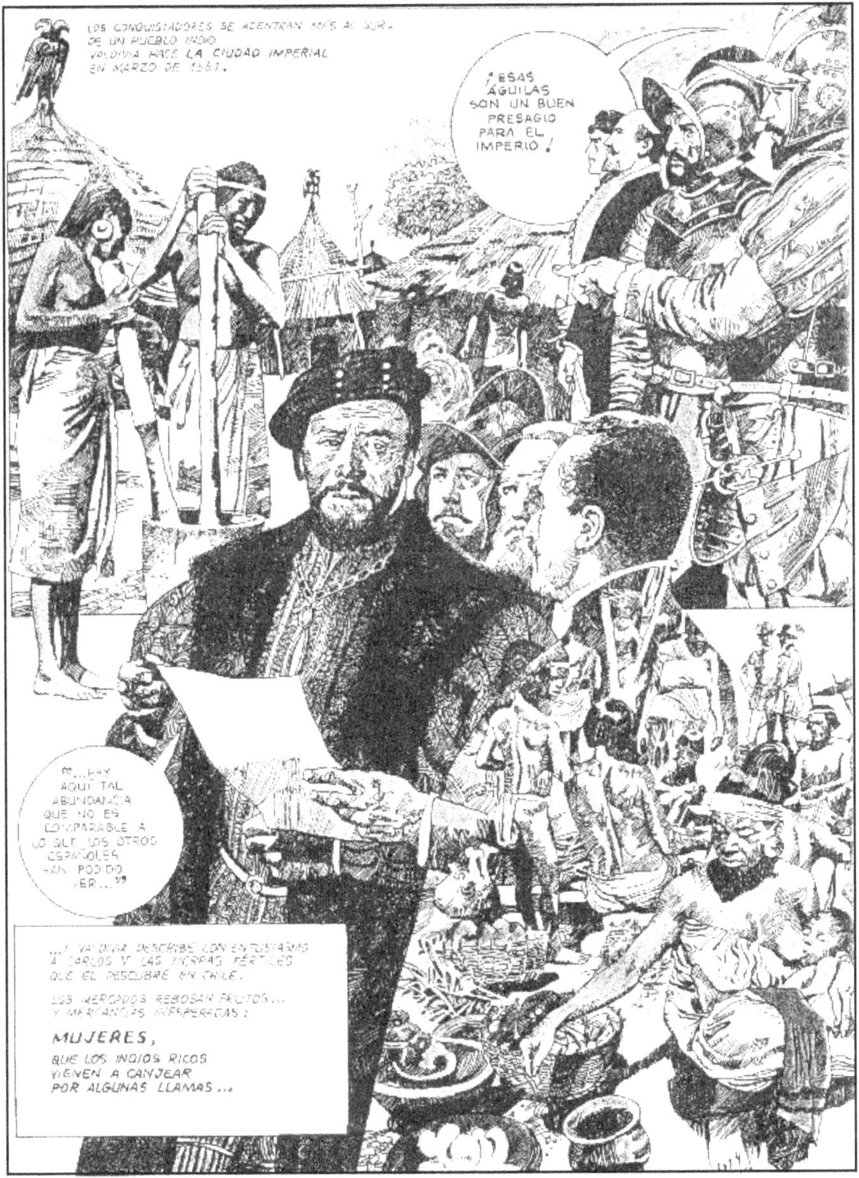

Dibujo de Alarico Gattia. Libro Grandes Héroes

Proporciones

Por lo general, las historietas que se publican en periódicos y revistas de cómics, no se dibujan al tamaño de su reproducción.

Lo más práctico y para lograr un mejor dibujo de la historieta, es hacerla dentro de un tamaño más grande, puede ser al doble del tamaño que aparece publicado, para que mantenga su proporción. Figura A.

Otra forma de ampliación para el dibujo de las viñetas, es sacar una proporción por medio de la diagonal hasta un tamaño cómodo que permita hacer un buen trazo de todos los elementos a dibujar. Del tamaño a reproducir se traza una diagonal desde el punto X que se corta al tamaño deseado, cerrando la línea vertical y horizontal en el punto Y (Figura B).

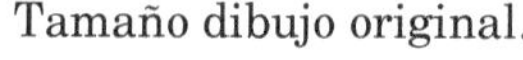

Tamaño dibujo original.

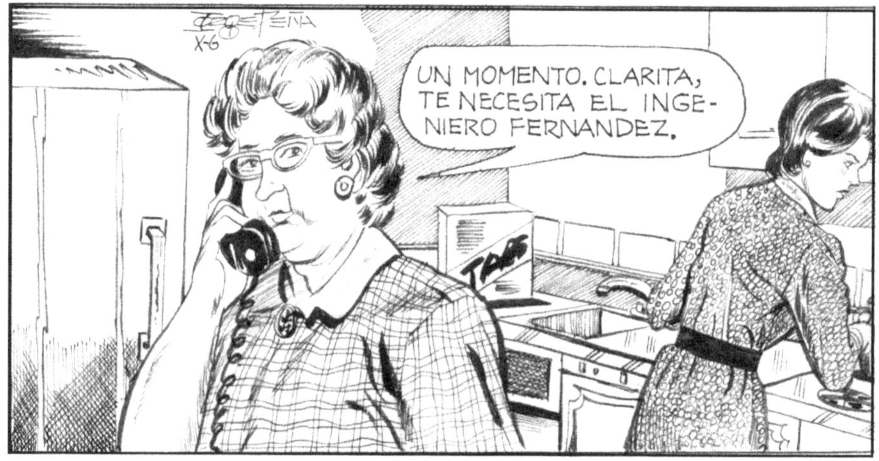

Figura A.

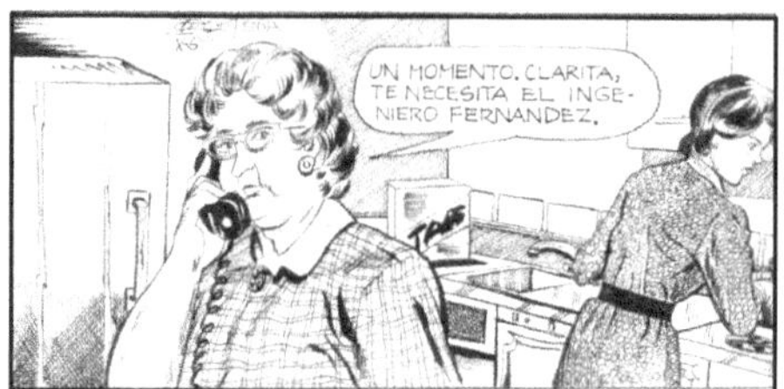

Tamaño dibujo publicado.

Figura B.

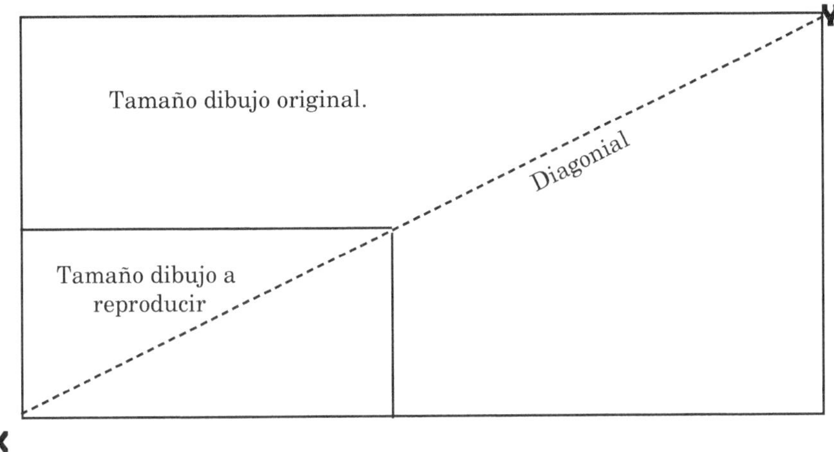

El encuadre

Es la ubicación de los personajes, cosas y ambientes dentro de las viñetas. No basta con sólo repartirlos en forma caprichosa, sino de acuerdo al contenido de la historia que se narra; así como el de destacar visualmente unas figuras más que otras. El encuadre obedece a la necesidad de la representación; éste no es distinto del encuadre que se utiliza en la fotografía, la pintura y el cine.

El encuadre depende de la capacidad de visión de cada uno de los dibujantes de historietas, aplicando aquel que más convenga para su narración.

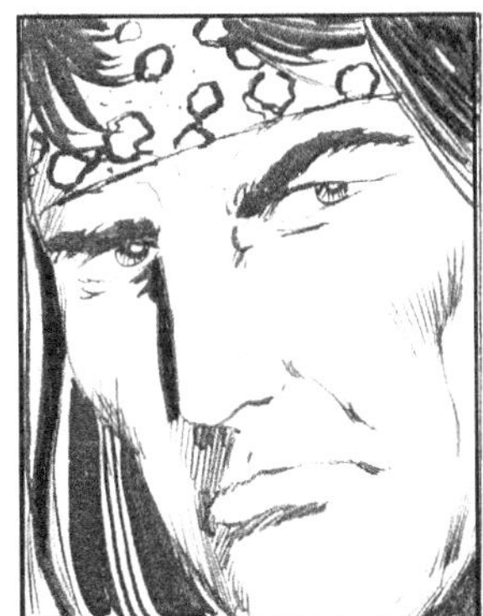

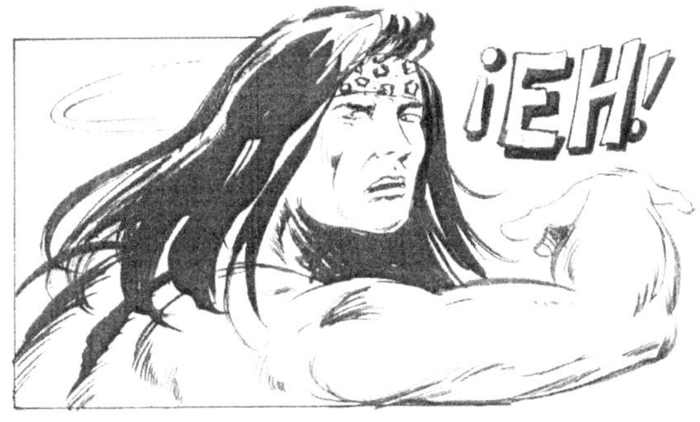

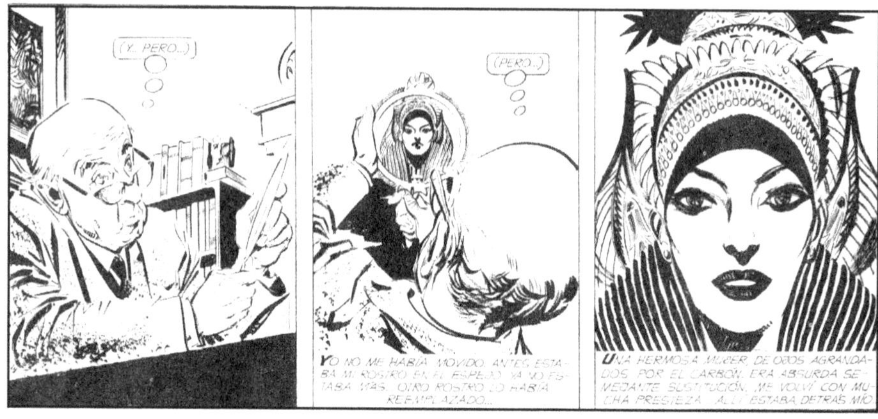

Dibujo de Alberto Breccia.

Los planos

Los encuadres en atención al espacio que representan se denominan planos, que quieren significar determinados tamaños de la imagen para evitar la monotonía visual y que han de mostrar la acción.

Los siguientes son los planos más usados dentro de las historietas:

Gran plano general

Es el dibujo de una vista muy amplia para ver el desarrollo de una acción. Por lo general son tomas vistas a nivel del vuelo de un ave o de un avión en donde los detalles de las figuras no se aprecian claramente. Este plano sirve para mostrar paisajes de montañas, ciudades, playas, etc.

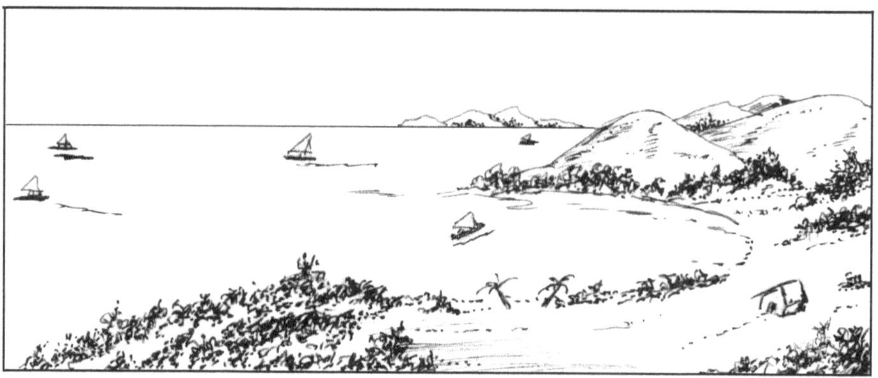

Plano general

Dibujo de una escena, en la que ya se aprecian detalles cercanos. En ese plano los personajes ya tienen formas más definidas. Además hace referencia clara sobre el ambiente en que transcurre la acción.

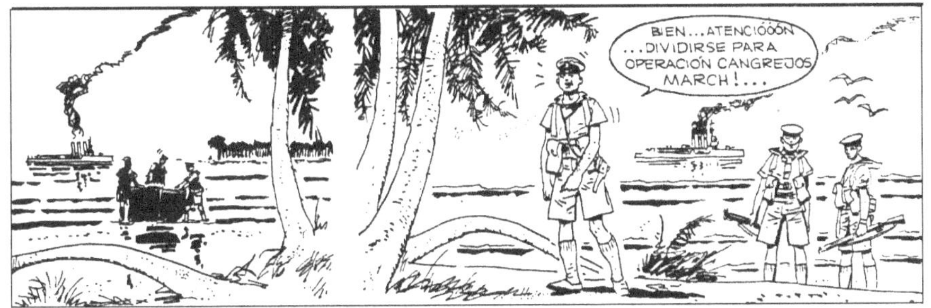

Dibujo de Hugo Pratt.

Plano americano

La referencia de este plano está dada por el corte o dibujo que se hace de las rodillas para arriba de los personajes.

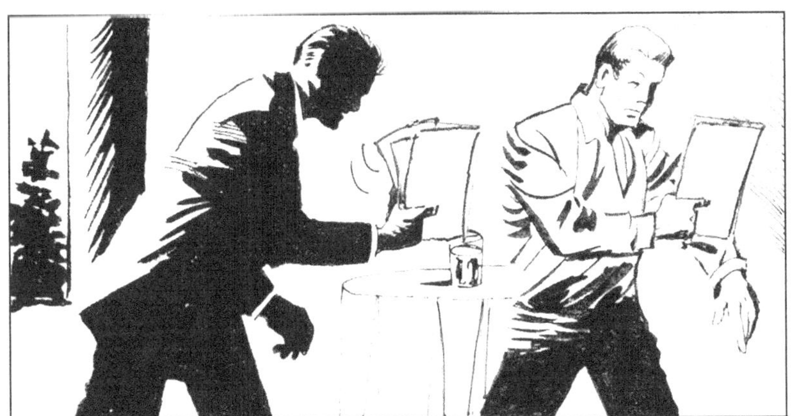

Plano medio

Aquí en este corte, que se hace de la cintura para arriba, se aprecian con más claridad los rasgos y la expresión del personaje. Este plano es muy usado cuando los personajes hablan entre sí.

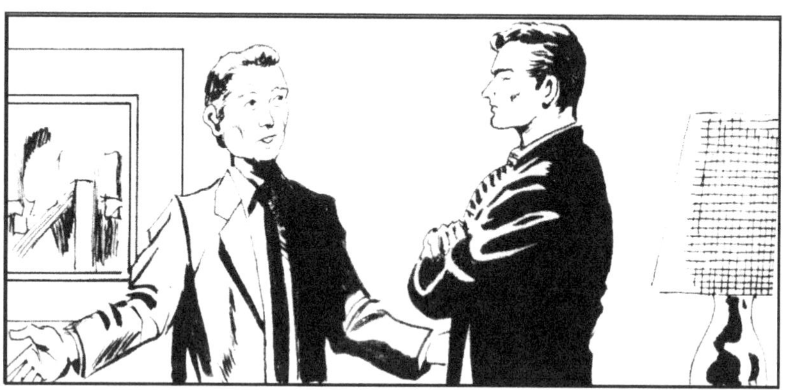

Primer plano

Con respecto al personaje, es el corte que se hace de él a la altura de los hombros. En este primer plano las características particulares de la expresión del personaje, tanto físicas como psicológicas, son de un mayor énfasis. Si se trata de un objeto, éste se define enfatizando claramente su diseño, color y hasta la textura misma que lo acompaña.

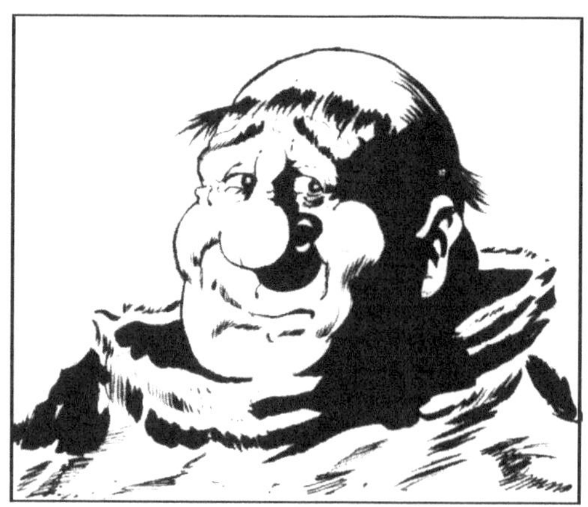

Plano de detalle

Este plano sirve para dramatizar y centrar la atención sobre un detalle, bien de un personaje o un objeto en particular.

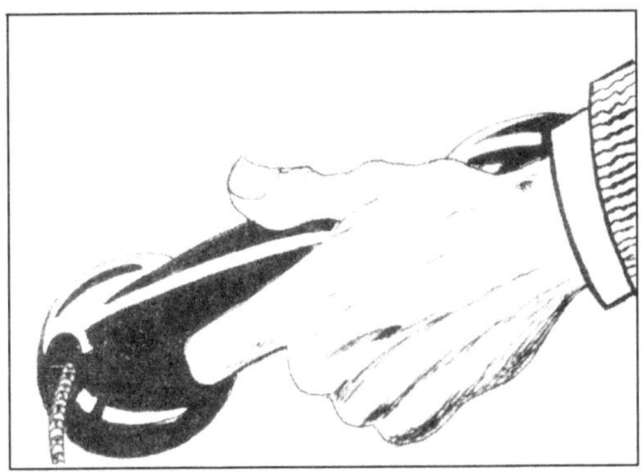

Primerísimo plano

Es el extremo máximo de acercamiento hacia un detalle del personaje o de un objeto, para precisar el mensaje que se quiere dar.

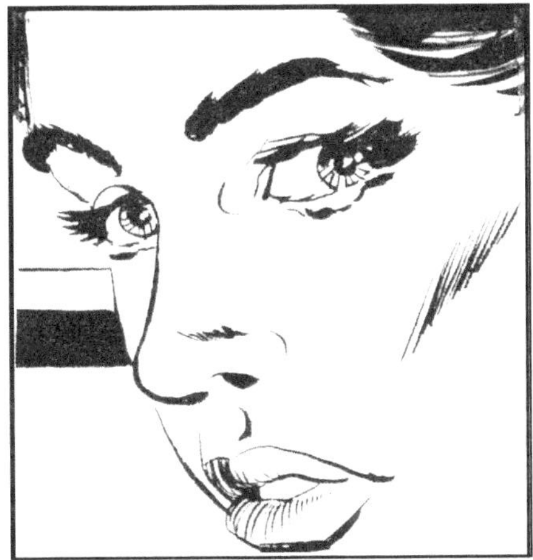

Los formatos

Las primeras historietas contaban con un formato convencional apaisado, haciendo su lectura gráfica más densa y monótona. Hoy se desarrollan formatos no convencionales que bien pueden estar dentro de espacios verticales, horizontales, cuadrados, etc. En la elección de los formatos hay que tener en cuenta el área y la distancia que se quieren representar dentro de un tiempo de la narración.

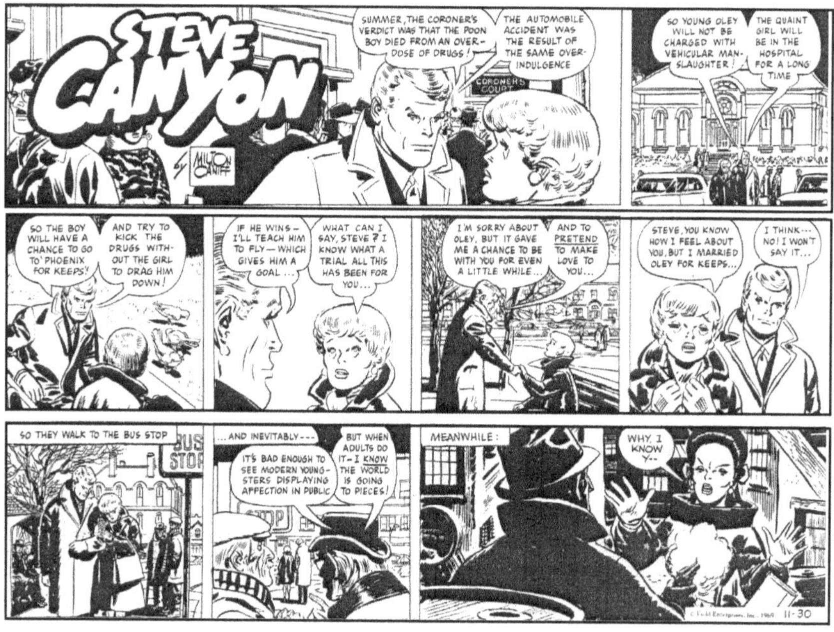

Dibujo de Milton Caniff. Formato convencional.

La línea que marca el límite del formato de la viñeta, es una convención que obedece a la necesidad de dar un orden visual a la narración. No necesariamente este orden de línea permanece igual, puede modificarse alterando la línea demarcatoria, o también, sin la presencia de ésta en las viñetas.

Entre el formato y el contenido debe existir una relación para que se haga más énfasis en la narración. Los cambios de formatos, permiten enriquecer los contenidos.

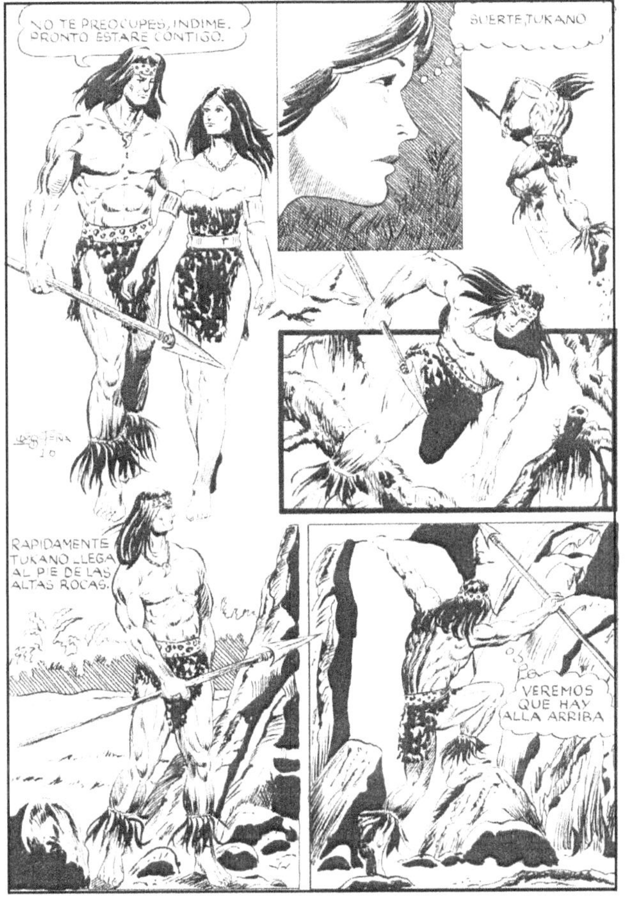

Formato no convencional.

Ángulos de visión

Para enriquecer y dar mayor dramatismo a las imágenes, es importante aplicar el ángulo de visión dentro de las viñetas.

El ángulo de visión es el punto desde el cual se observan los personajes o las cosas. Cada uno de estos puntos de vista tan distintos entre sí proporcionan un efecto muy diferente, según el guión a ilustrar. Se debe tener en cuenta no abusar de los ángulos picado y contra picado ya que tienen que estar justificados por la acción dentro de la narración para ser admitidos.

Normal

Aquí la acción es observada a la altura de los ojos, o al horizonte de nuestra visión.

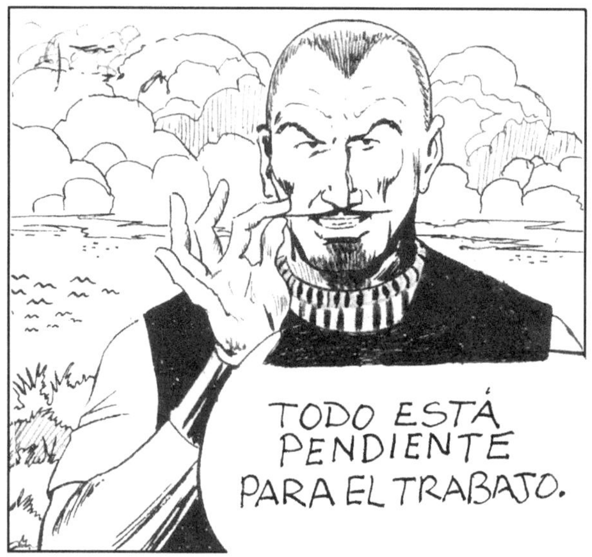

Tres cuartos

Este ángulo incluye frente y lado de cualquier figura, es muy aplicado a los rasgos faciales.

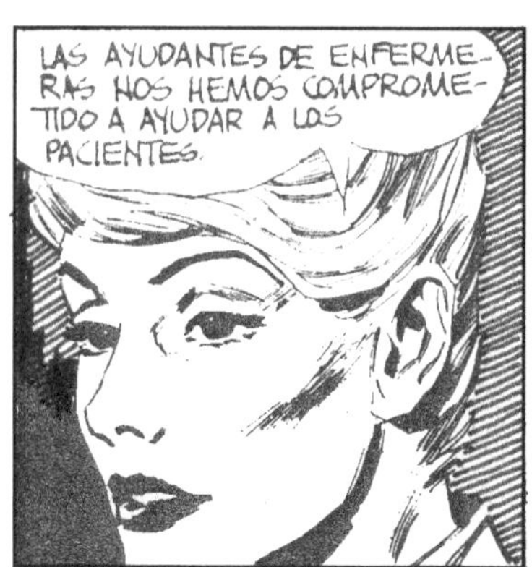

Perfi

Permite describir un solo lado de las figuras

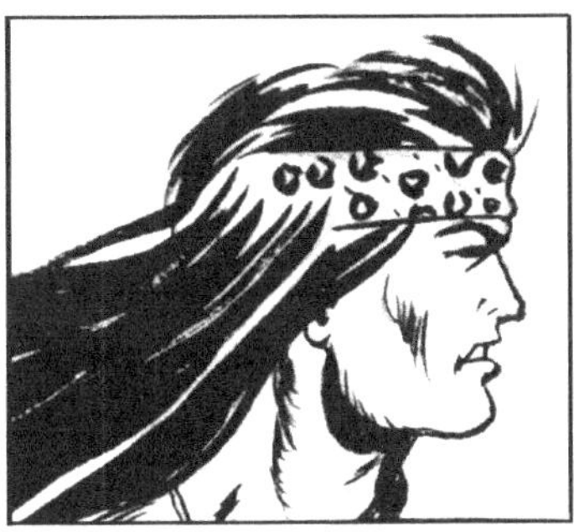

Perspectivo

La aplicación de este ángulo enfatiza la lejanía de los personajes o cosas dentro de un plano. Puede darse como ejemplo una persona caminando por una calle en donde las casas a la distancia se ven más pequeñas.

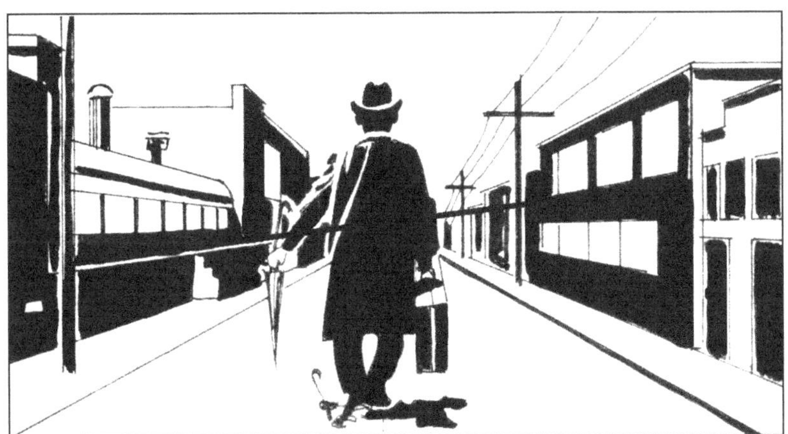

Picado

El enfoque de los personajes, animales o cosas se hace de arriba hacia abajo.

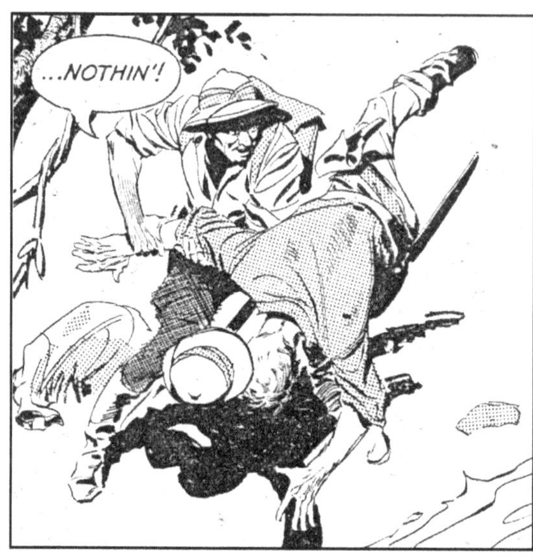

Dibujo de Al Williamson.

Contra picado

El enfoque de los personajes, animales o cosas se hace de abajo hacia arriba, contrario al picado.

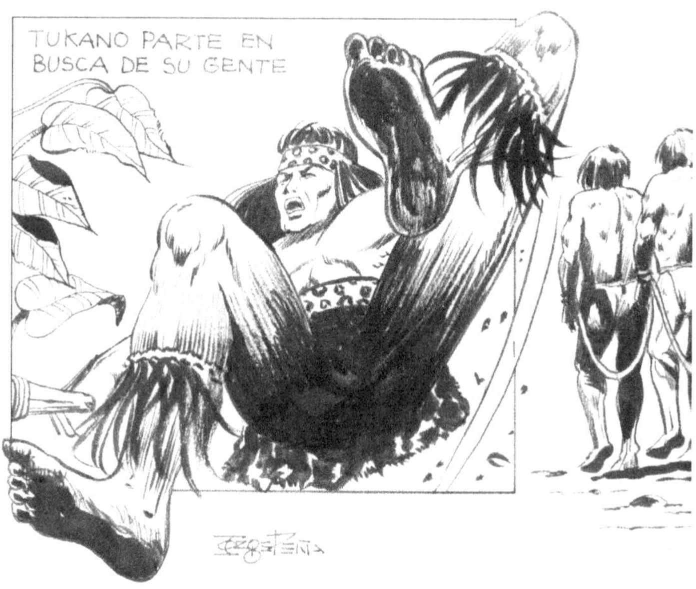

El globo o bocadillo

Es un espacio delimitado en donde están contenidos los textos o pensamientos de los personajes para mostrar gráficamente que están hablando.

Son de tamaño y forma variables, generalmente, con un rabillo que apunta al emisor que expresa el contenido escrito del globo. El globo está compuesto por dos elementos básicos: la silueta o continente y el contenido o los signos que alberga.

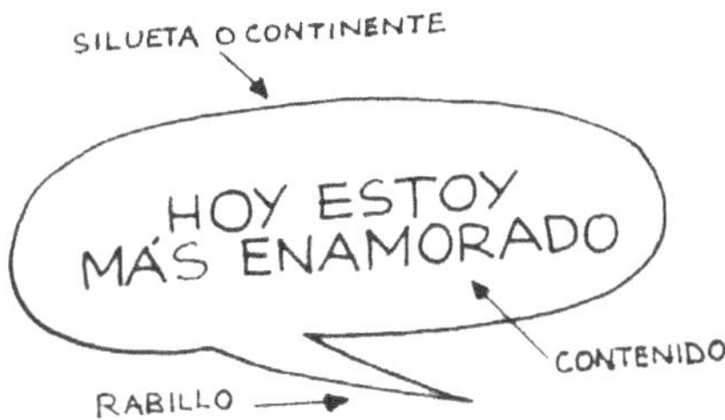

El globo o bocadillo no apareció repentinamente dentro de las historietas; es una modificación de las llamadas filacterias o bandas, que los artistas cristianos de la Edad Media incluían en algunas pinturas y que servían para escribir en su interior el texto que pronunciaba el personaje que deseaban representar. El globo o bocadillo, solo aparece en el siglo XIX.

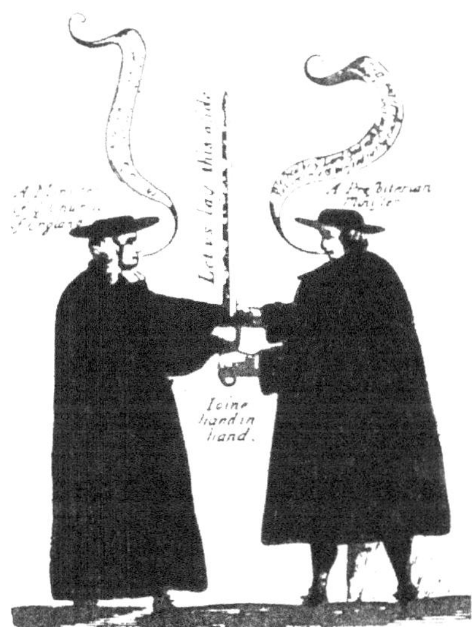

Dibujo de la época que contiene filacteria

Teniendo en cuenta estos antecedentes, el bocadillo ha ido ganando terreno en el ámbito de la expresión, hasta convertirse en protagonista como un medio visual más de apoyo para la composición en el lenguaje de las historietas.

Se llama *texto de apoyo* a las pequeñas notas que sirven de enlace entre viñetas, cuando ha habido un espacio temporal entre una y otra.

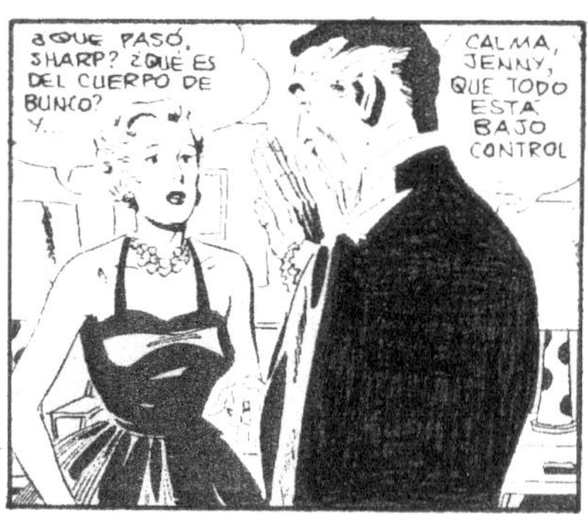

SHARP SABE QUE TIENE TODOS LOS TRIUNFOS EN SUS MANOS.

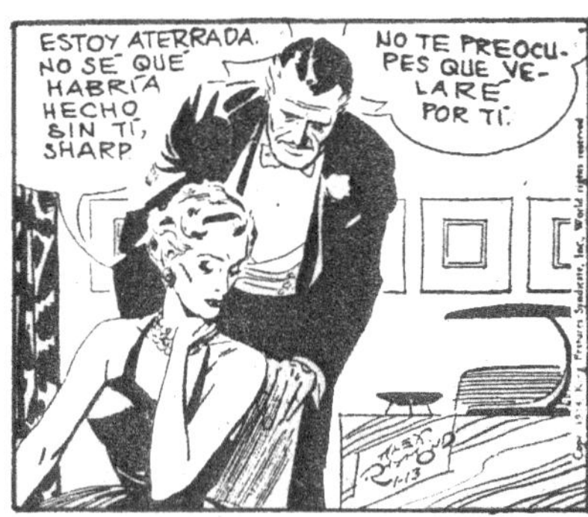

Dibujo de Alex Raymond

Variedad de globos

El contorno del globo sirve para algo más que contener las palabras. Los contornos de los globos o bocadillos, ayudan a la tarea de incrementar o enfatizar el significado que transmite el tono de la narración.

El globo delineado en forma de dientes de sierra o líneas quebradas, significa que la voz proviene de un altoparlante, radio, teléfono, etc. También sirve para expresar grito o irritación del personaje.

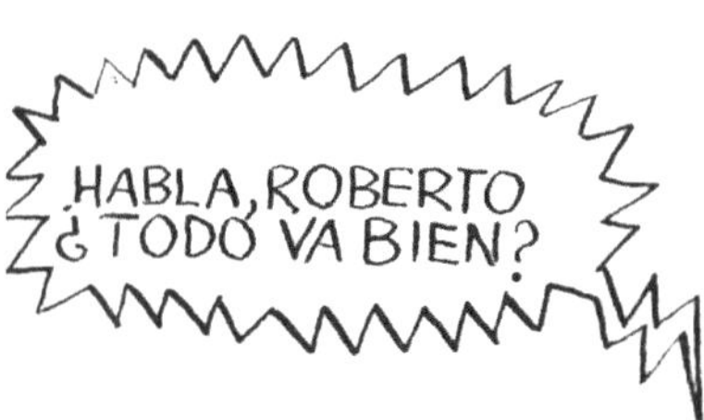

El globo dibujado con líneas interrumpidas significa que el volumen de la voz del personaje es de muy baja intensidad, sirve para expresar secretos.

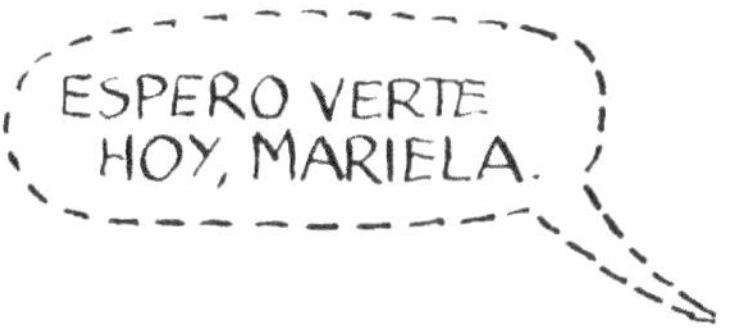

El globo dibujado con línea temblorosa expresa falta de vigor en la voz del personaje. Puede ser la voz de una persona herida o enferma.

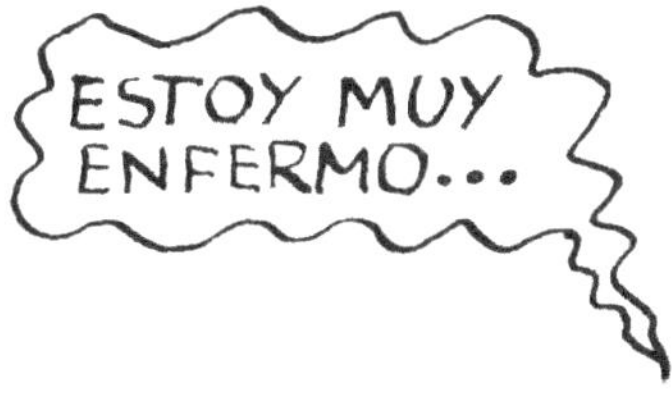

Un globo con varios rabillos, significa que varios personajes hablan al mismo tiempo.

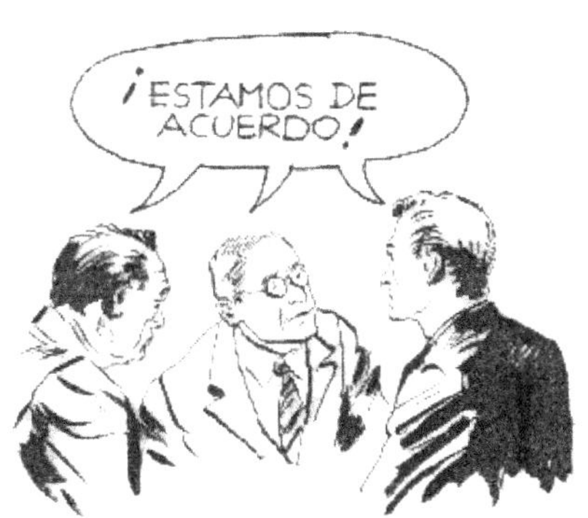

Un globo con el rabillo interrumpido por una ventana, puerta o cualquier otro objeto en donde no se muestra el personaje que habla, señala el lugar de donde viene la voz.

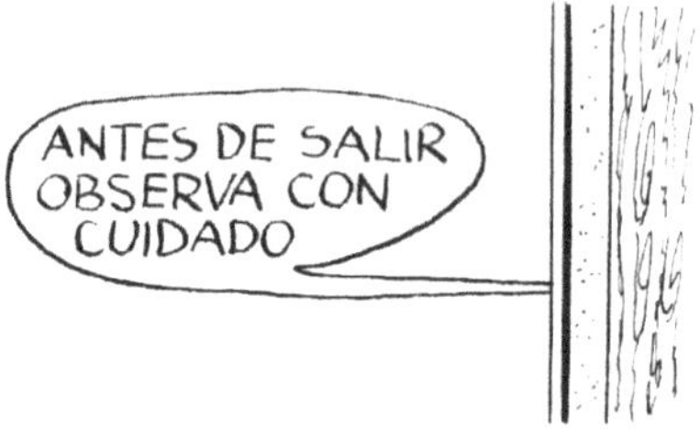

Un globo con rabillos de unión, significa que el personaje habla con pausa intermedia.

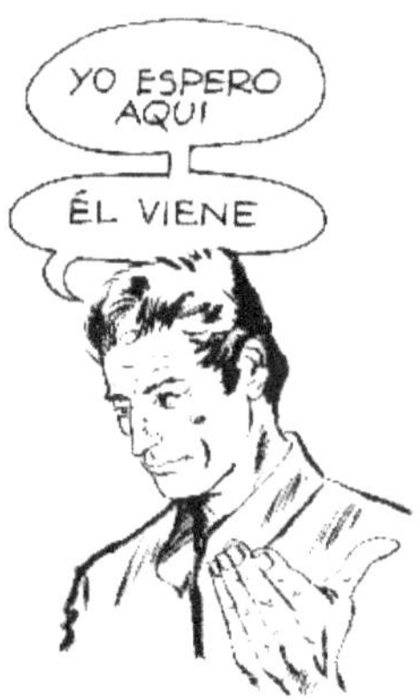

El globo dibujado con pequeñas líneas curvas, así como el rabillo con pequeñas bolitas, quiere decir que el texto no se pronuncia, sino que sólo fue "pensado" por el personaje.

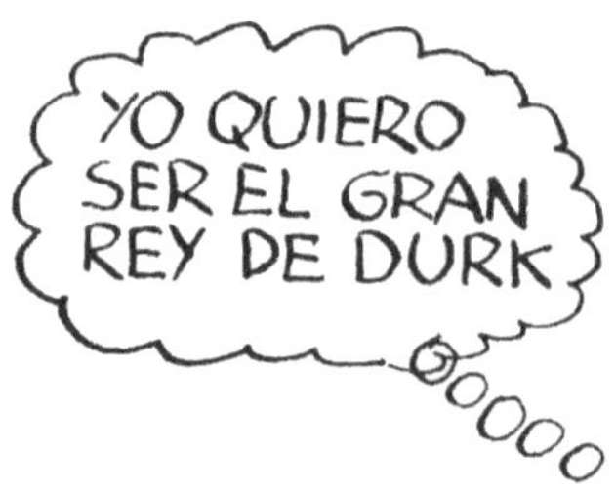

Letra del globo

La letra que se utiliza para el diálogo de los personajes es la letra de imprenta llamada futura redonda por ser de mayor legibilidad gráfica. Ésta se dibuja para lograr un buen complemento visual con las demás imágenes que componen cada una de las viñetas. Para ciertas expresiones de los personajes la letra se dibuja con un mayor cuidado en lo referente al delineado y a su grafía propia, afectando visualmente el mensaje contenido en los demás textos.

Sus trazos iniciales se hacen con lápiz de mina negra blanda, luego su terminado puede hacerse con pluma y tinta china negra, plumígrafo o pluma estilográfica. Esta rotulación a mano sugiere un efecto sonoro y un estilo propio en los diálogos.

Dibujo de globo en lápiz.

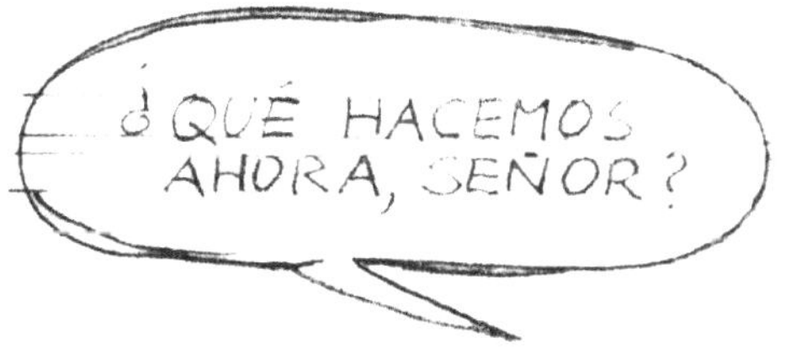

Dibujo de globo en tinta.

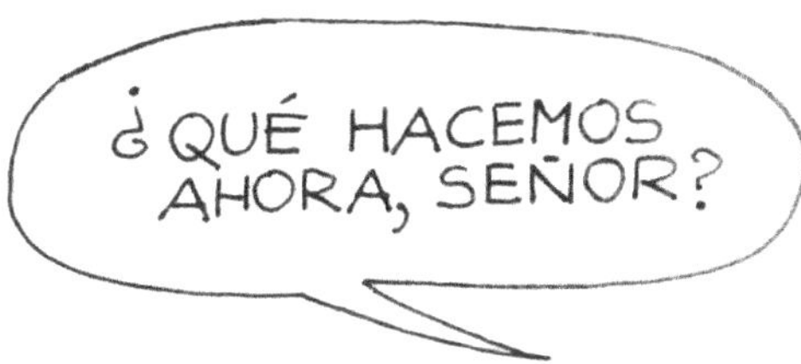

La letra de tamaño más pequeño que las demás, significa que el volumen de la voz es bajo.

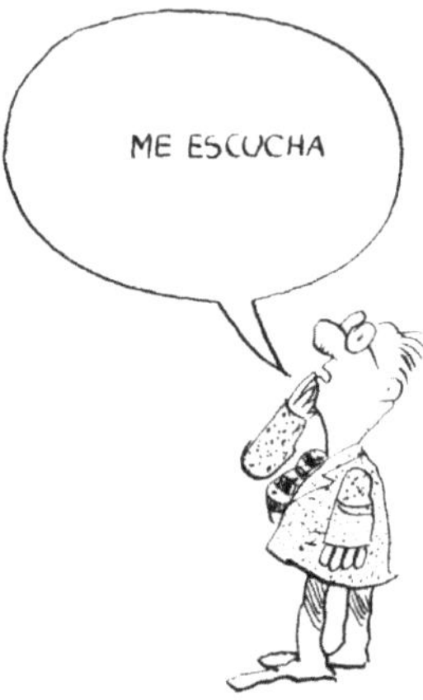

La letra de tamaño mayor significa que el volumen de a voz es más alto.

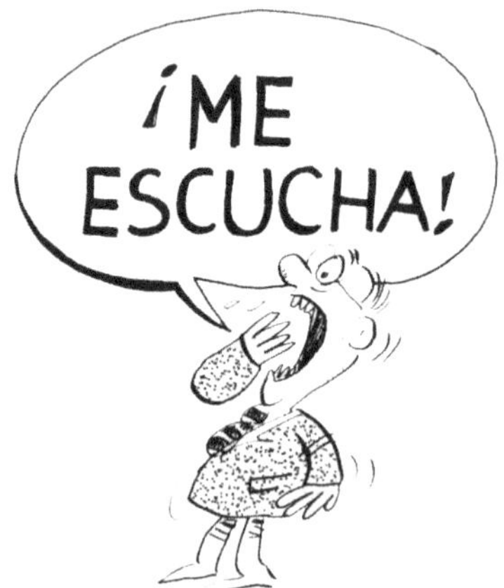

Si el dibujo de la letra es con línea temblorosa, expresa dolor o desgano.

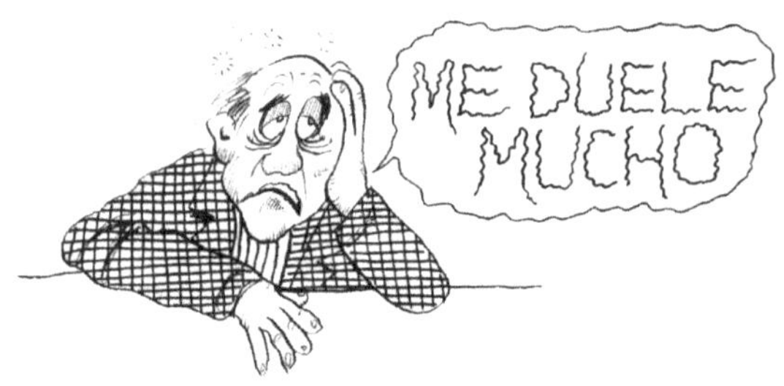

Una letra dibujada con rasgo propio, pone en evidencia la sicología del personaje.

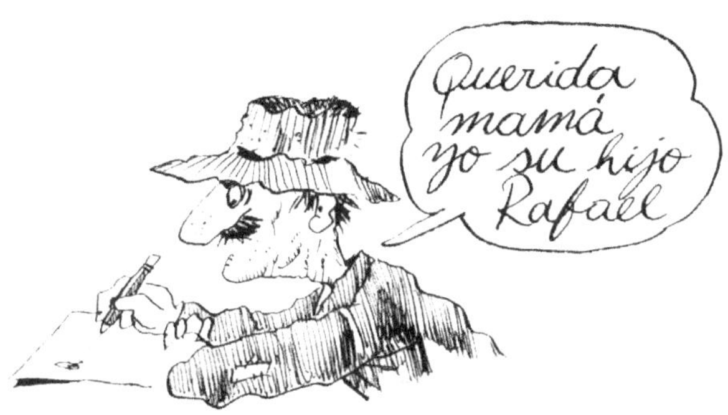

La rotulación de los diálogos que van dentro de los globos o bocadillos y las onomatopeyas, se pueden resolver con plumilla, pluma estilográfica o plumígrafo.

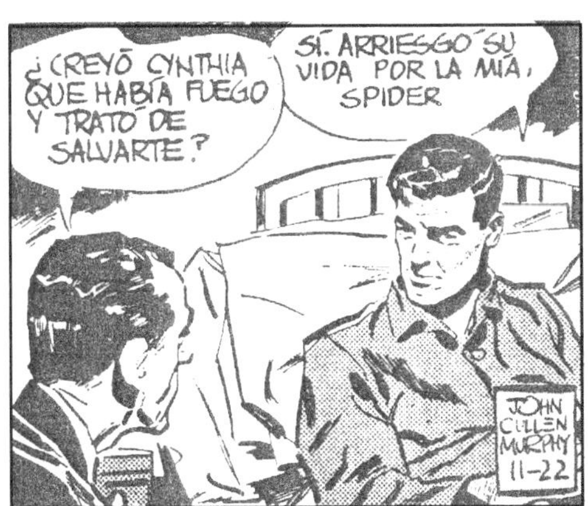

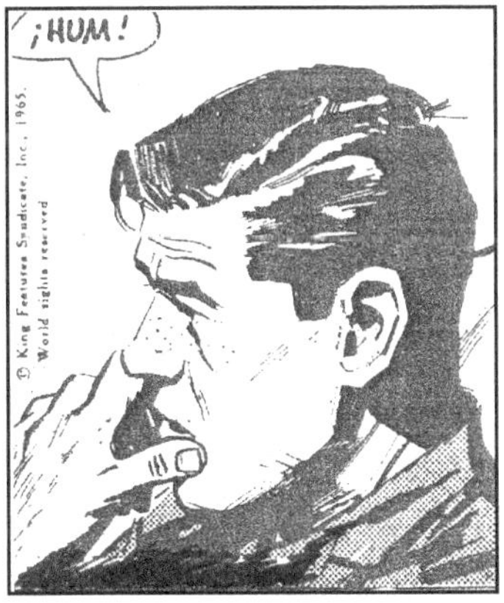

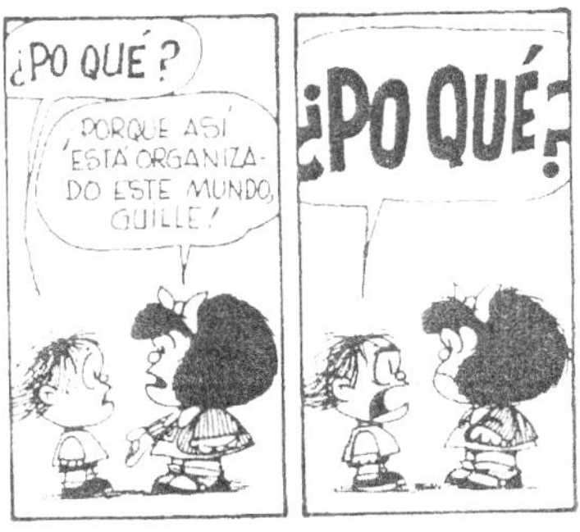

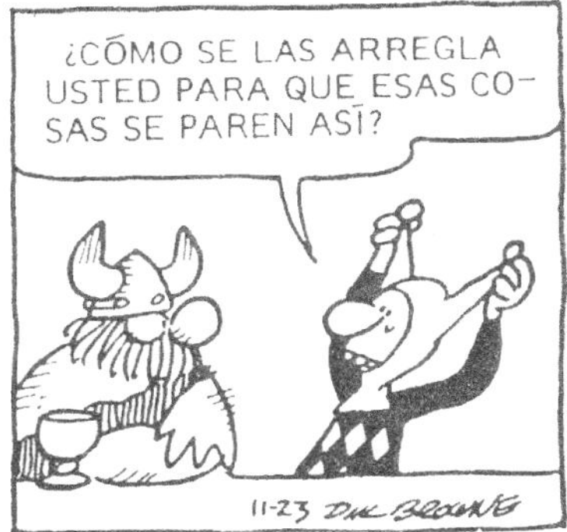

Las onomatopeyas

Son fonemas que, mediante un valor gráfico sugieren el sonido emitido por un animal o el ruido de una acción o cosa. La doble convención de gráfico, por el estallido visual en el interior de la viñeta y el fonético, por la traducción acústica, lo convierten en el lenguaje gráfico propio de las historietas.

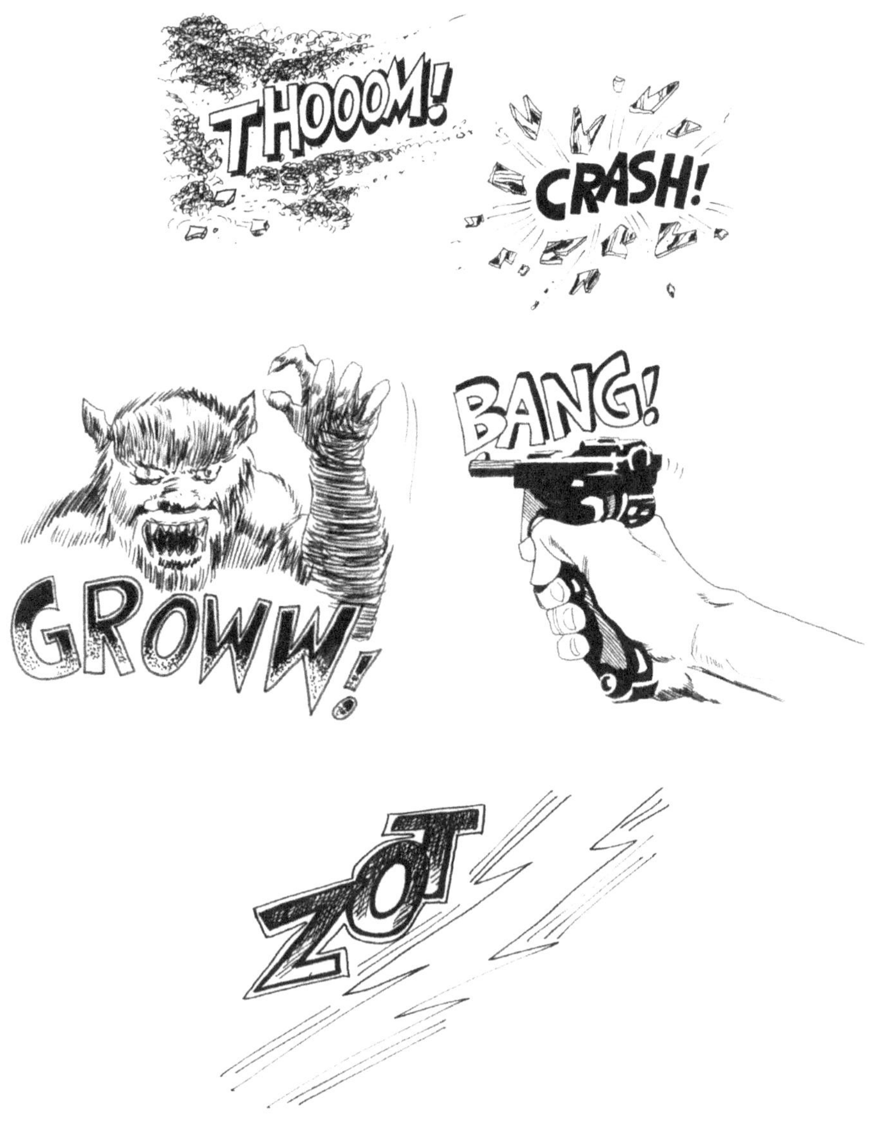

Las onomatopeyas más que escritas están dibujadas para sugerir gráficamente el tipo de sonido, y así alcanzar su mayor expresión visual.

Los fonemas onomatopéyicos, que en su mayoría son del idioma inglés, se han incorporado al lenguaje internacional de las historietas, debido a su elocuencia acústica, su familiaridad y costumbre por ser las historietas norteamericanas las más difundidas en el mundo, aun cuando las historietas son traducidas a otros idiomas, la onomatopeya inglesa permanece. Las onomatopeyas son el "sonido" del cómic.

La metáfora visualizada

Esta parte gráfica dentro de los bocadillos, ayuda a comprender el estado síquico de los personajes y para ello se utilizan imágenes de carácter metafórico. Muchos de estos signos icónicos, han sido tomados del lenguaje oral: dormir como un tronco, se le iluminó el cerebro, el dinero se va volando, etc.

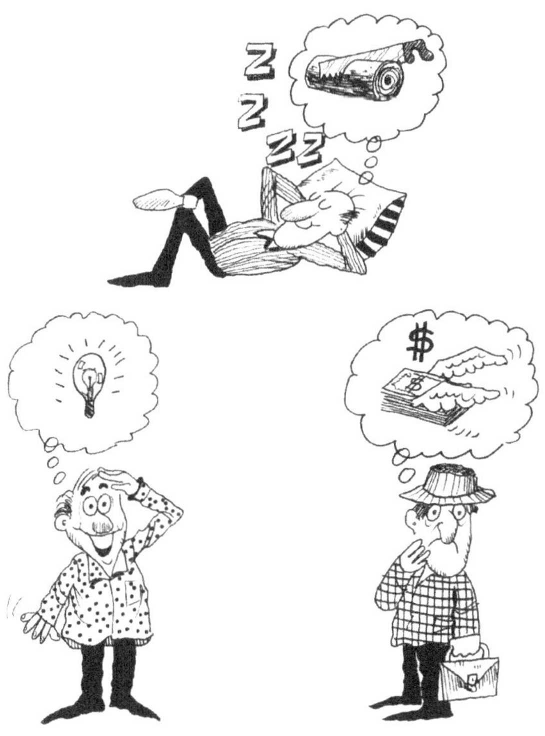

Figuras cinéticas

Son convenciones gráficas (líneas), que se utilizan para expresar la ilusión del movimiento o la trayectoria de los móviles. Su uso es muy frecuente en las historietas porque logra representar casi siempre una realidad en movimiento.

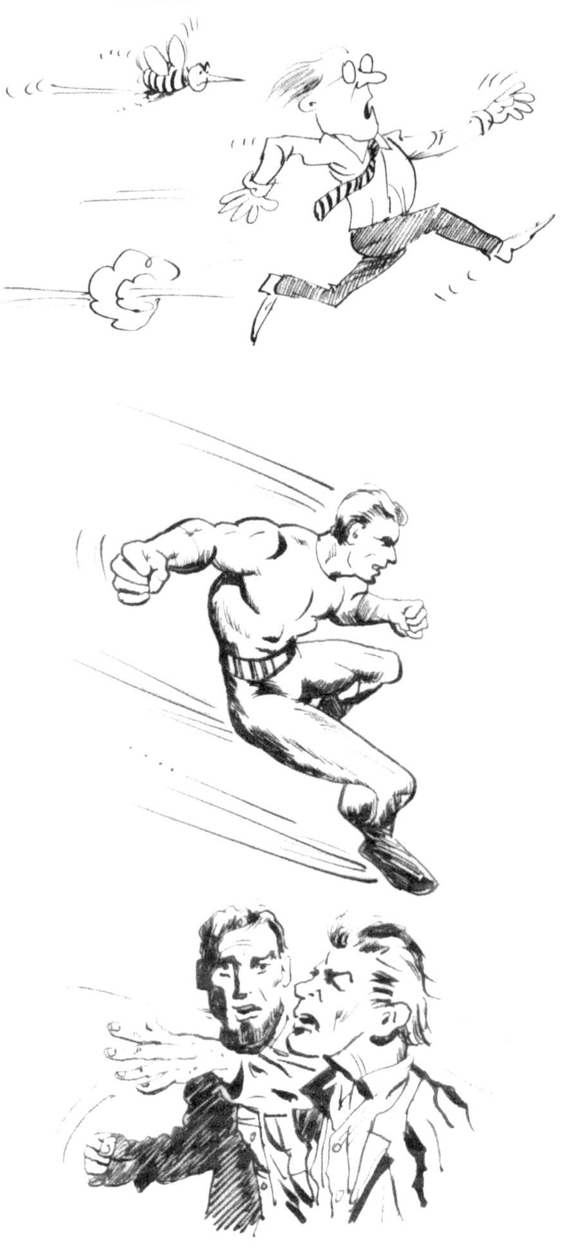

Montaje y proceso de lectura

Las historietas nunca son de una sola imagen o viñeta, son una sucesión de dibujos y texto.

La relación mutua entre las viñetas y su interacción dinámica definen la articulación de los espacios y tiempos significativos para lograr una narración y un ritmo determinado a las historietas.

El montaje supone que cada viñeta y los elementos a utilizar deben ser pensados y elaborados de acuerdo con los demás para lograr su lectura. En las historietas hay que leer los diferentes signos, rasgos, manchas, composiciones, para traducir su significado, es decir, aprender a leer "imágenes", para saber reconstruir ese movimiento, esa continuidad que hay entre las viñetas sugeridas por el montaje. El montaje de viñetas es la sintaxis de las literaturas de la imagen.

La doble lectura de los textos a las imágenes debe ser continua, teniendo en cuenta no duplicar la información, no se deben decir las mismas cosas con imagen y texto.

Para la lectura de este arte secuencial, hay que tener en cuenta que el lector de cultura occidental lee la página de izquierda a derecha y de arriba a abajo. Este esquema de lectura, se debe contemplar en la disposición de viñetas en la página.

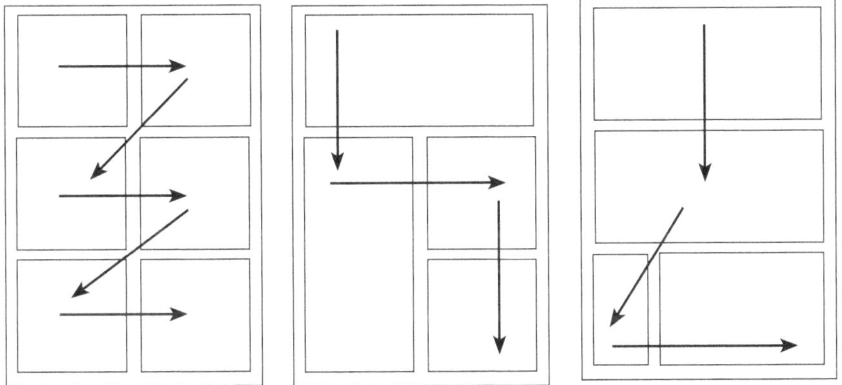

Ejemplo de páginas con diferentes tamaños y disposición de viñetas para su lectura

El argumento

No sólo el dibujo es importante en las historietas o tiras cómicas, el argumento también cuenta y debe ser entretenido e interesante para que se mantenga durante todo su recorrido narrativo. Éste puede ser original o basado en un cuento, una película, una novela o un hecho real. Hay personas especializadas que realizan esas tareas de escribir para hilvanar argumentos. El guionista piensa argumentos los redacta y planifica para entregarlos al dibujante de historietas quien se encarga de toda su realización gráfica

Por lo general el dibujante creador de historietas, es a la vez argumentista y guionista de su propio trabajo.

Otros dibujantes prefieren ilustrar el guión que se les entrega con la libertad de omitir diálogos o textos, que pueden mostrarse visualmente, siempre y cuando no afecte la secuencialidad lógica de su lectura.

Teniendo en cuenta que en las historietas predomina más la imagen que el texto, hay que tener la capacidad de síntesis con los textos. Una historieta cuenta siempre lo esencial en situaciones, diálogos y tramas. En una historieta no es posible mantenerse fiel al texto original de una obra. Hay momentos en que es necesario transponer escenas, convertir textos en imágenes...

La síntesis no consiste en cortar escenas en forma caprichosa, sino dar sentido claro a las que van a permanecer dentro de la historieta para comunicar el mensaje deseado.

Ejemplo de interpretación de una viñeta a partir de un mismo guión:

VIÑETA

TEXTO :   Luisa caminaba por el parque cuando de repente..
LUISA :   ¿EH? ¡Alguien me ha lanzado una piedra!
ESCENA: Se ven árboles y la piedra que pasa muy cerca de Luisa.

1 –   Desarrollo del guión interpretándolo al pie de la letra.

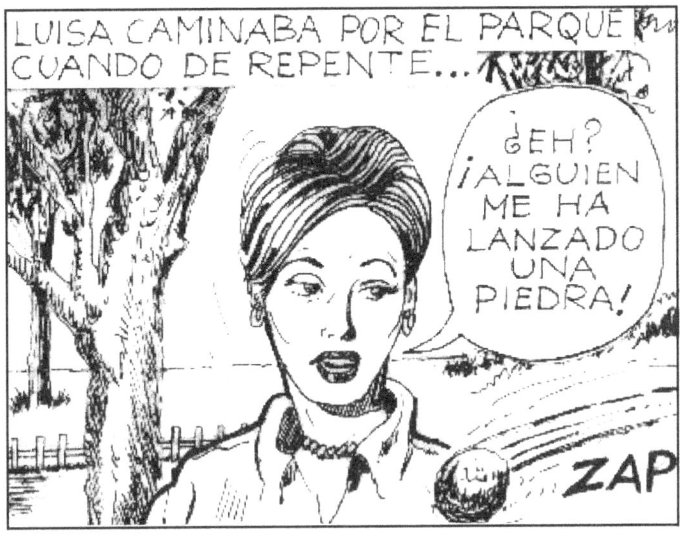

2 –   Desarrollo del guión con interpretación libre del dibujante.

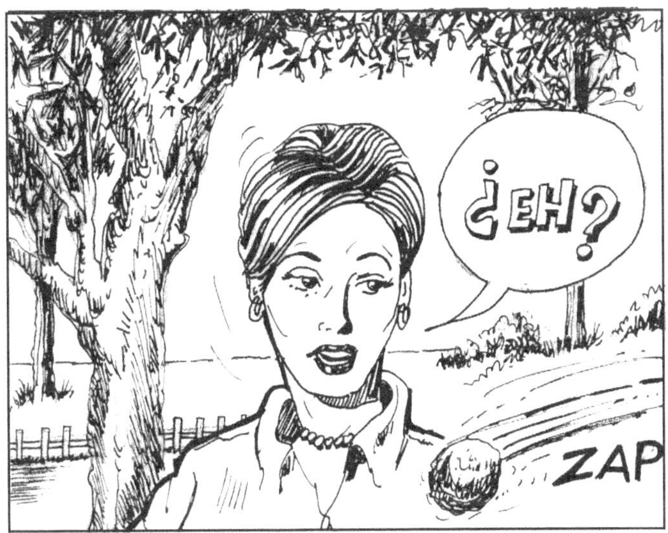

Los dos desarrollos anteriores son válidos, pero el que interpreta el dibujante, aplica la capacidad de síntesis, es decir, escribe y dibuja lo esencial

3 – Pueden aparecer, también, otras propuestas del dibujante, en donde añade una o varias viñetas, según el caso, para crear un "tiempo" más largo y así reforzar la intención del guión.

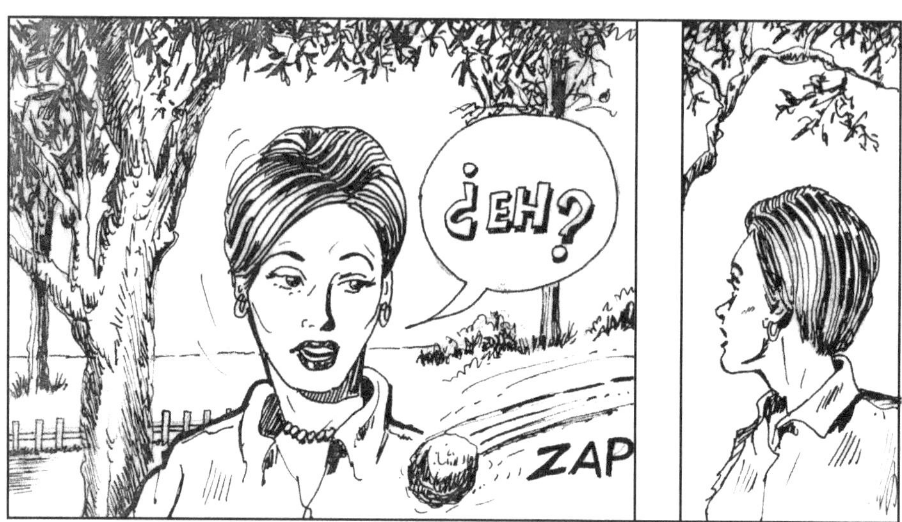

Documentación y materiales

La formación de un archivo clasificado para el dibujante de historietas, es muy importante como ayuda. Éste se puede organizar por carpetas en las cuales se colecciona todo aquel material de fotografías y dibujos procedente de recortes de revistas o periódicos, bien de figuras humanas, animales, paisajes, carros, casas, edificios o diversos objetos que usted crea de utilidad para el desarrollo y dibujo de escenas.

Para una buena documentación es conveniente formar una colección de tiras cómicas de las que sean de su mayor agrado para aprender y practicar a partir de su estudio.

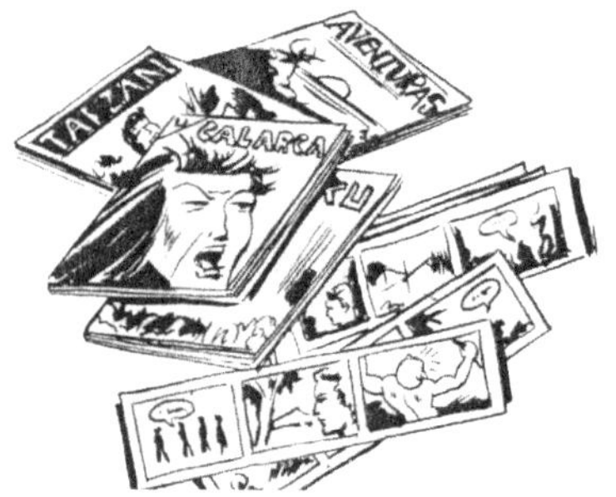

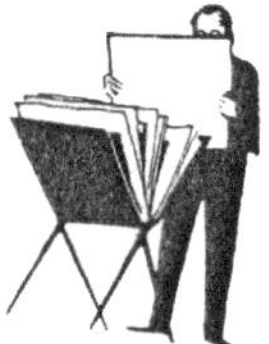

Los materiales a emplear para el dibujo de las tiras cómicas son: lápiz de mina negra blanda, goma de borrar, pluma o plumillas de punta fina, tinta china negra, pincel de punta redonda de pelo de marta No. 3, cartón o cartulina *durex*. También están los micropunta o plumígrafos de tinta negra con variedad de punta para trazos gruesos o delgados. El uso del espejo es frecuente en el dibujo de las historietas, cuando se quieren poses o ángulos interesantes.

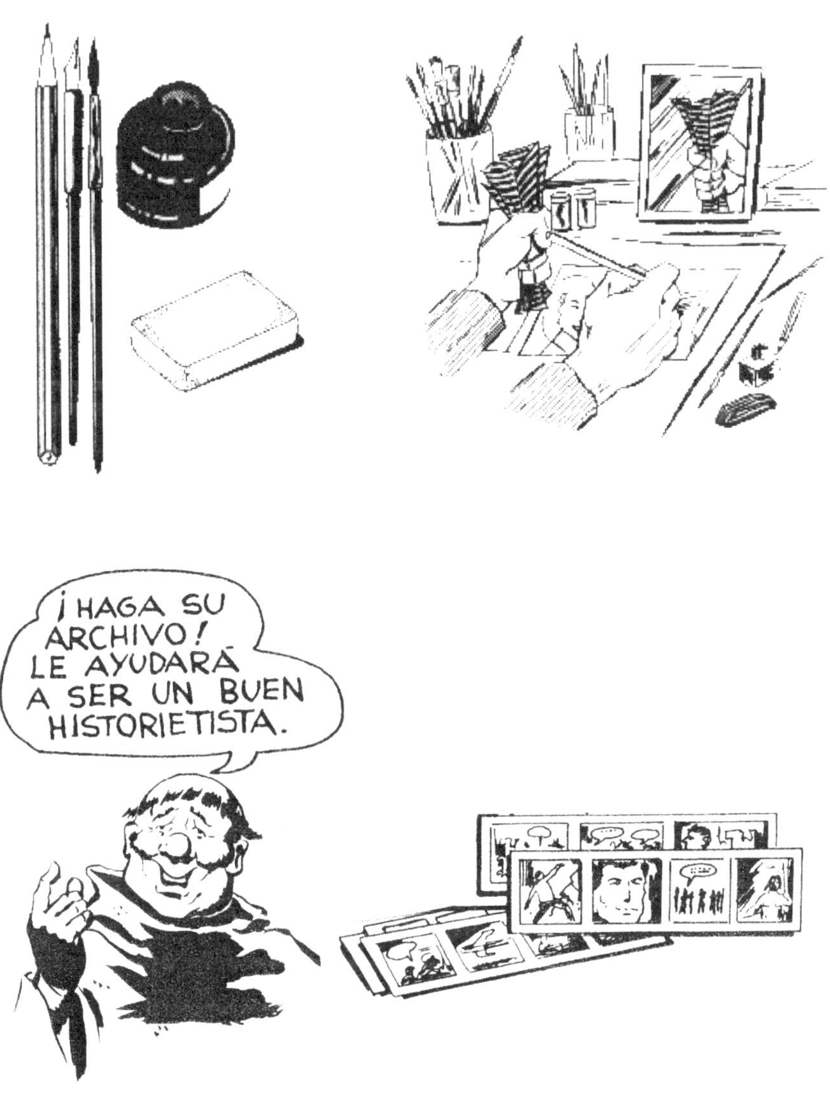

Creación de personajes

Con un buen conocimiento y práctica constante del dibujo de la figura humana, le será más fácil resolver y plantear secuencias de los diferentes personajes que participarán dentro del dibujo de las tiras cómicas o historietas. Definir el físico de cada personaje es muy importante, la forma de los cuerpos ayuda a enfatizar el carácter interpretativo dentro de la historieta, puede ser alto y atlético, gordo, flaco, pequeño o con características físicas muy particulares

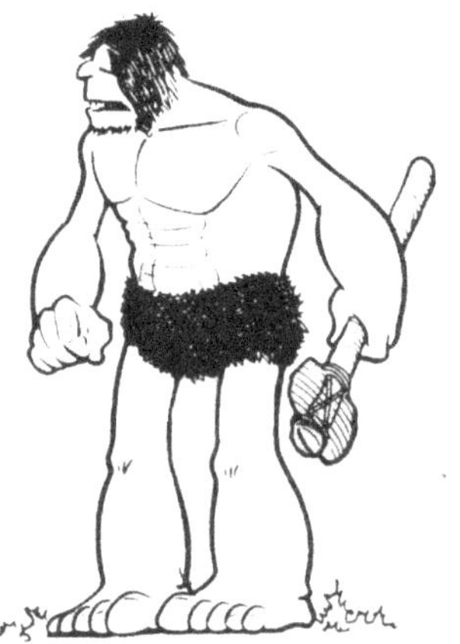

Alley Oop, dibujo de
V. T. Hamlin.

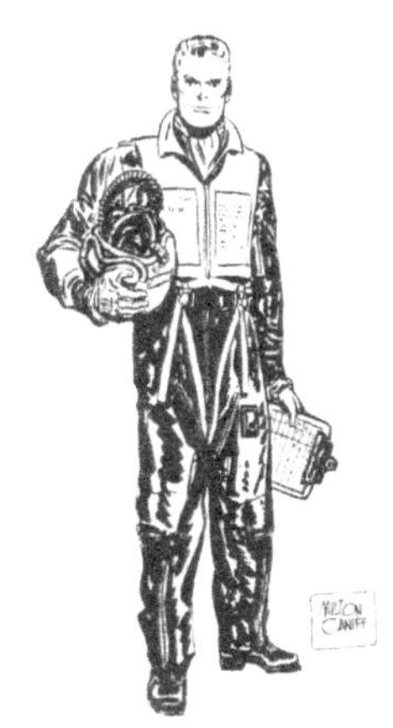

Steve Canyon, dibujo
de Milton Caniff.

Dotty, dibujo de
Buford Tune.

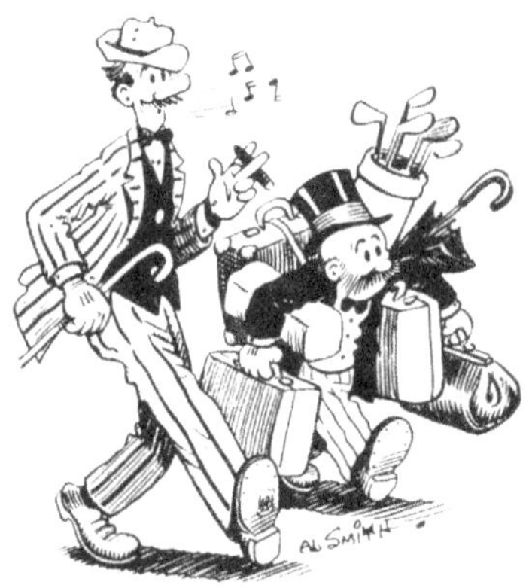

Mutt and Jeff, dibujo de Al Smith.

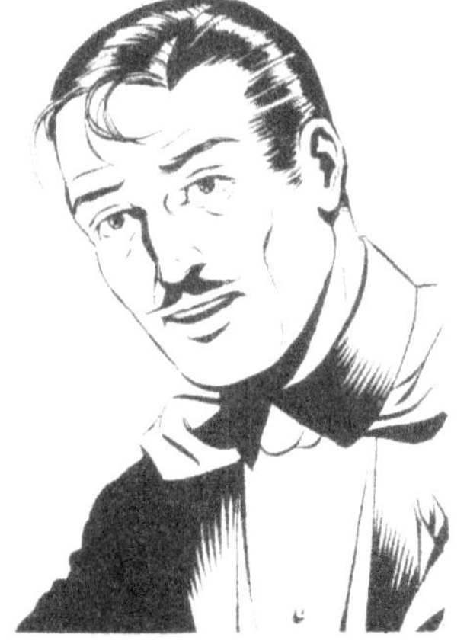

Mandrake, por Falk and Davis

Una fórmula simple y fácil para tener en cuenta en la creación de personajes masculinos y femeninos, es tomar como ejemplo un modelo, en este caso un rostro masculino (figura A), para transformarlo con solo cambiar, quitar o añadir partes, como pueden ser el cabello, el bigote, la barba o las cejas o también añadirle anteojos.

Para el rostro femenino (figura B), las soluciones son posibles con el peinado y el maquillaje del rostro, cejas, boca y ojos.

Mantener una buena colección de fotografías de rostros tanto de hombres, mujeres, niños y ancianos, le van a permitir ser mejor observador para comprender y definir más fácilmente al momento de dibujar las diferentes expresiones y personalidades, según la edad y el sexo.

Figura A

Figura B

Expresiones

Si hay algo importante en el dibujo de los rostros de los personajes de las tiras cómicas, son sus expresiones. La cara es lo más expresivo del ser humano, con ella manifestamos diferentes estados de ánimo. Hay que practicar mucho para lograr lo deseado, y así no caer en la uniformidad de rostros estáticos, inexpresivos o "caras de palo" como se les denomina. La aplicación de sombras en los rostros de los personajes, ayudan también a enfatizar cierto tipo de expresiones.

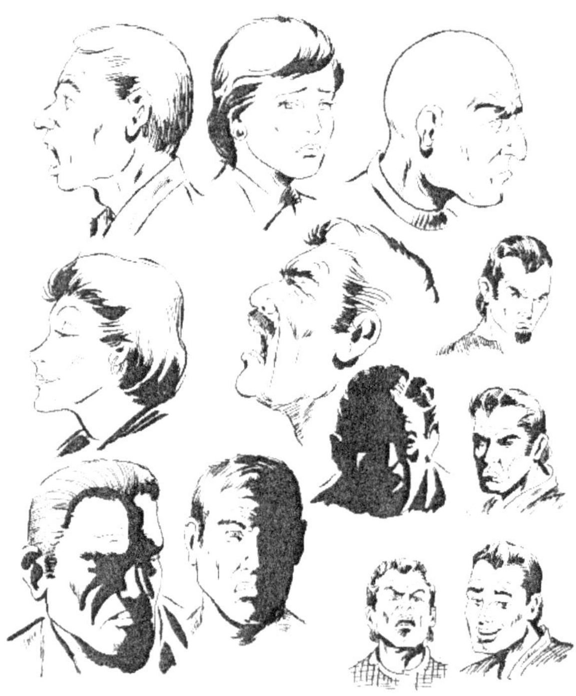

El cuerpo y la cara

No sólo están las expresiones con el rostro, también el cuerpo es expresivo y éste ayuda a enfatizar más lo que quiere comunicar cada personaje. Los diferentes gestos y poses comunican la exteriorización de sentimientos. La postura corporal y la gesticulación ocupan una posición preponderante con respecto al texto. El espejo es una buena ayuda para aprender a dibujar. Qué mejor modelo que nuestro propio cuerpo y cara, reflejados para representar diferentes expresiones

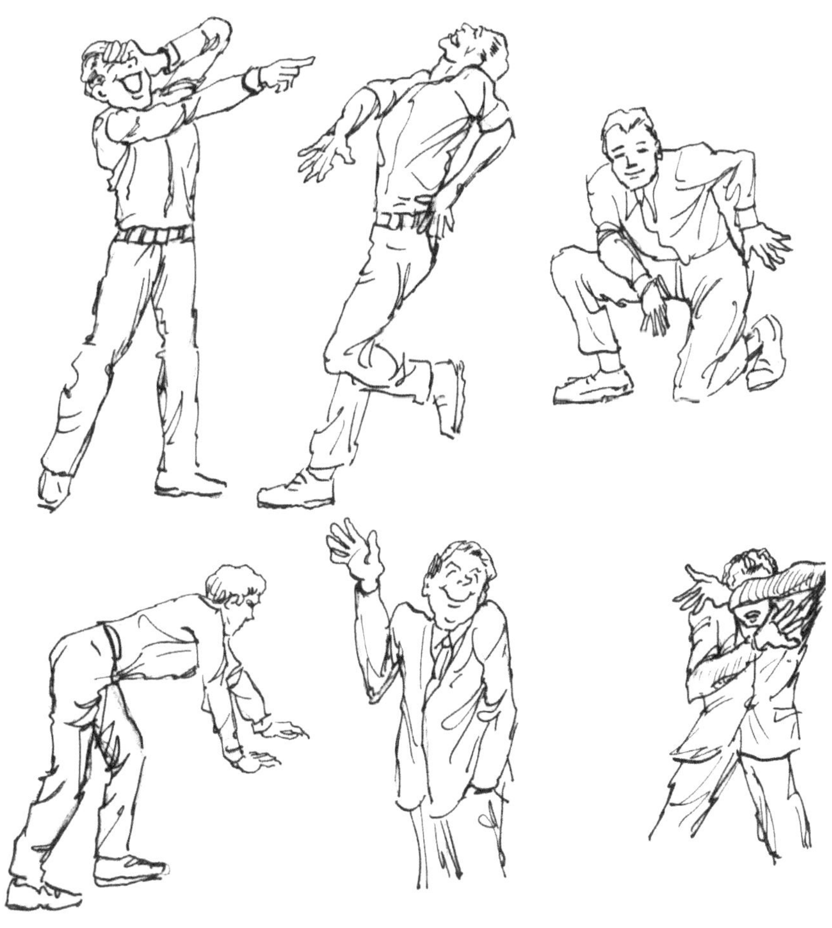

Esbozos

Antes de entrar a hacer un dibujo definitivo para una historieta, hay que elaborar, previamente, bocetos que se dibujan con trazo seguro y muy suelto para resolver encuadres, ambientación, movimiento y personajes que estarán en las diferentes escenas a planificar

Estos esbozos se hacen previamente con lápiz de mina negra blanda. La práctica constante del dibujo de la figura humana, usando para ello modelos naturales o de fotografías, permite resolver con mayor facilidad poses y movimientos representativos de una acción.

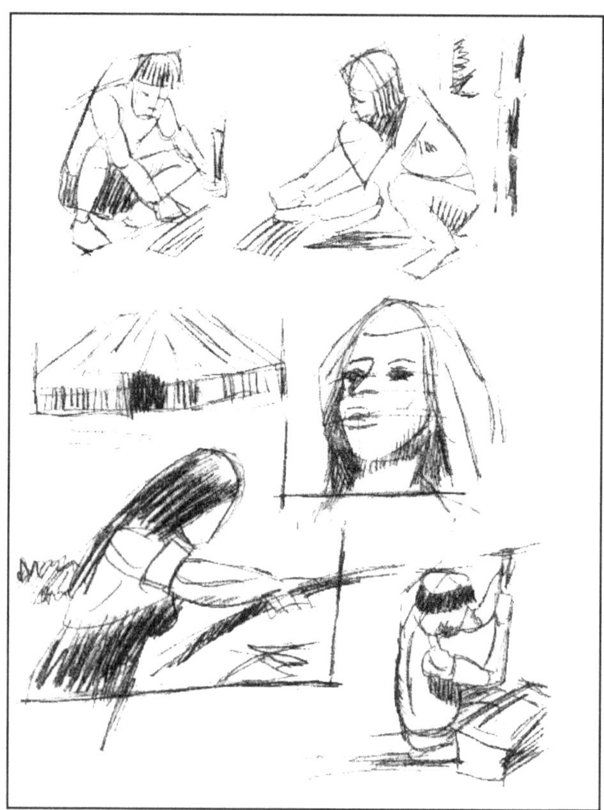

Planteamiento gráfico

Una vez aprobados los esbozos para la historieta a dibujar se define su planteamiento gráfico general, con lápiz de mina negra blanda para determinar el aspecto físico del protagonista como el de los personajes secundarios que lo rodean así como, también, los diferentes accesorios y lugares donde se va a realizar la acción.

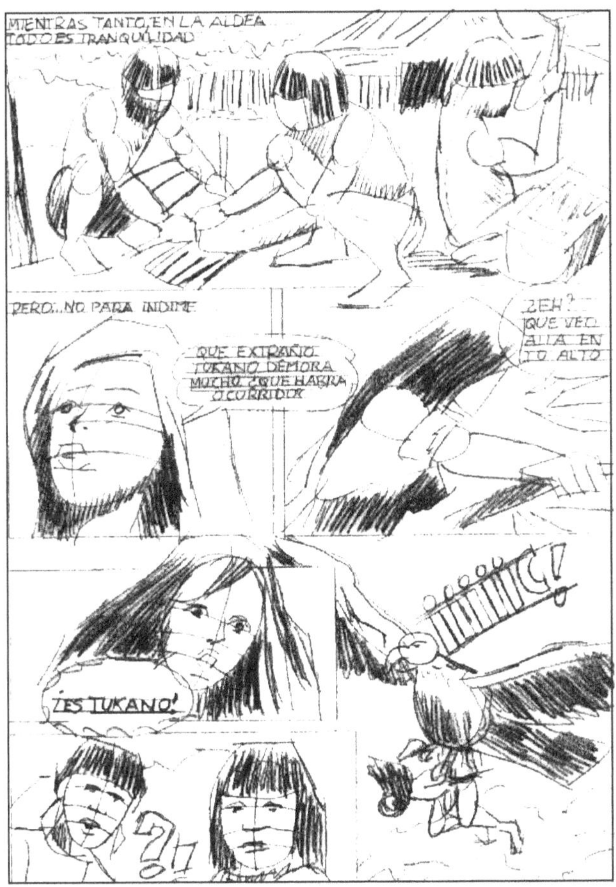

Acabado a lápiz

El acabado a lápiz es definitivo para que cada viñeta quede bien realizada. Sirve para concretar más las figuras. En un principio conviene trazar líneas-guía dentro de cada globo o bocadillo para escribir los textos. Esta forma de trabajo permite disponer de goma de borrar para rectificar o cambiar aquellas partes que no se consideren bien logradas.

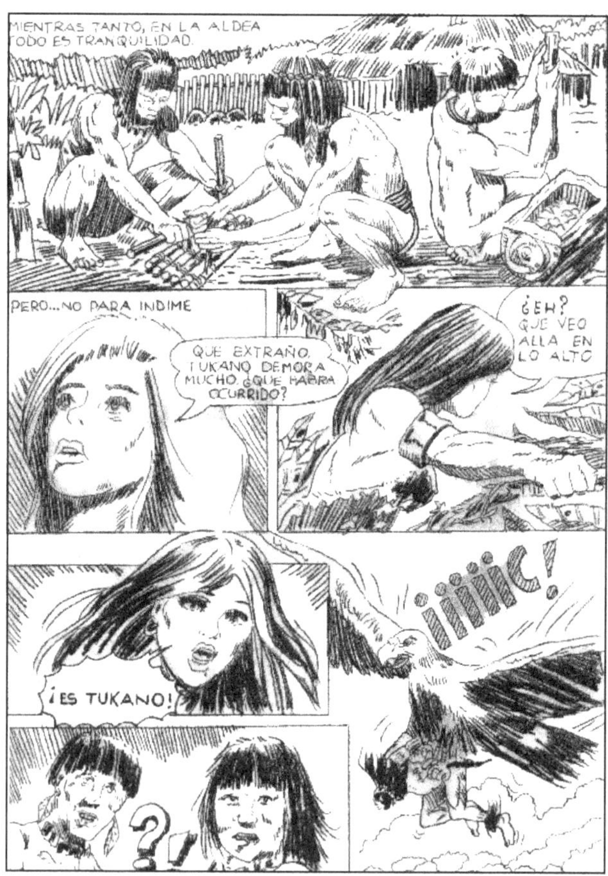

Acabado a tinta

El dibujo ya definitivo, se hace con la ayuda de la plumilla y la tinta china negra o con el plumígrafo de punta delgada para detalles y líneas muy finas. Tanto las líneas gruesas como las partes más oscuras se resuelven con el pincel de punta redondeada de pelo de marta No. 3. El terminado de la letra se puede hacer con ayuda de la plumilla o con el plumígrafo de tinta negra. Los trazos que hayan quedado de lápiz, se borran.

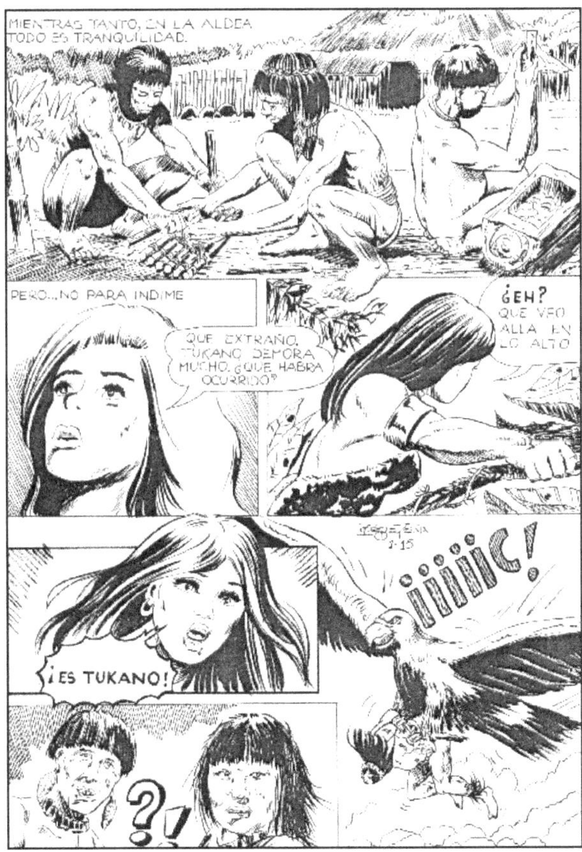

Caricaturas

La caricatura es un dibujo o pintura, satírica o grotesca de una persona o cosa. Representa personas con acentuación o deformación intencional de sus facciones y rasgos más característicos, manteniendo siempre la semejanza. Es tan antigua como la pintura. La caricatura además de hacer recordar a un personaje intenta alabarlo o ridiculizarlo. La fórmula más empleada para reflejar la imagen de una persona es el presentar de manera exagerada algunas de sus características más significativas, tanto físicas como propias de su actividad.

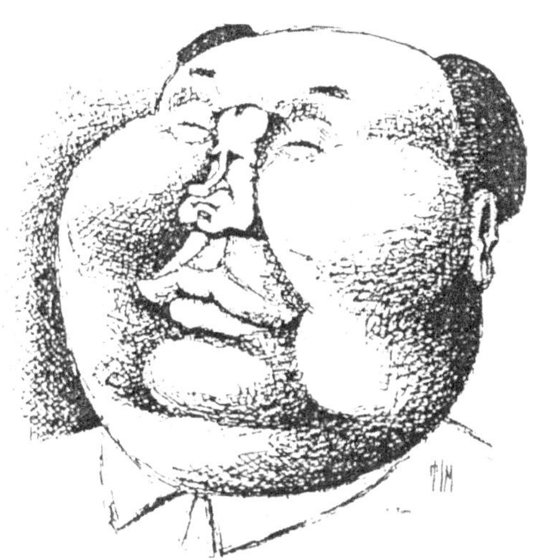

Mao Tsé Tung, dibujo de Louis Mittelberg, TIM.
(si se observa con detenimiento la nariz de esta caricatura, se aprecia la cara del ex presidente Richard Nixon).

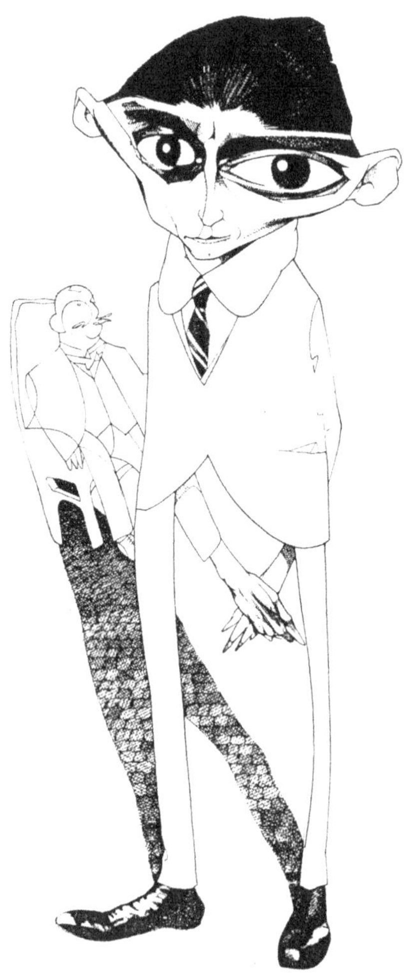

Franz Kafka, dibujo de Loredano Cássio Silva.

El siglo XVI ve desarrollarse la caricatura con gran fuerza debido a la conmoción producida por las guerras religiosas, gracias a la difusión de sus imágenes por medio del invento de la imprenta. Por lo general la caricatura mantiene siempre un contenido social o político, además de utilizarse como medio para satirizar a los contrarios en cualquier campo cultural, y de paso hacer pensar al lector. En las antiquísimas ánforas y vasos griegos, se ven ejemplos de dibujos con facciones y cuerpos caricaturizados (siglo V a. de J. C.).

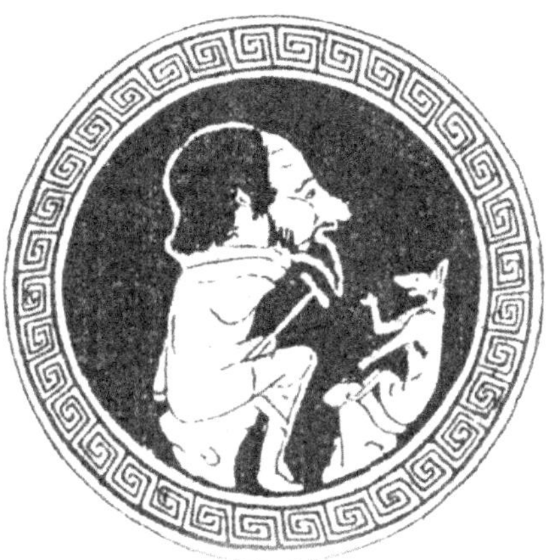

"Esopo y la zorra" (siglo V a. de J. C.).

Tanto a los hermanos Carracci, como a Bernini, se les considera como los grandes pioneros del género, pues fueron los primeros en caricaturizar a personajes de su época (1600). Los hermanos Carraci inventaron también la broma de transformar la cabeza de una de sus víctimas en la de un animal, o incluso en un utensilio sin vida, que los caricaturistas han practicado desde entonces.

Giovanni Lorenzo Bernini (1650), escultor y arquitecto deja algunos trazos caricaturescos de personajes de la corte vaticana.

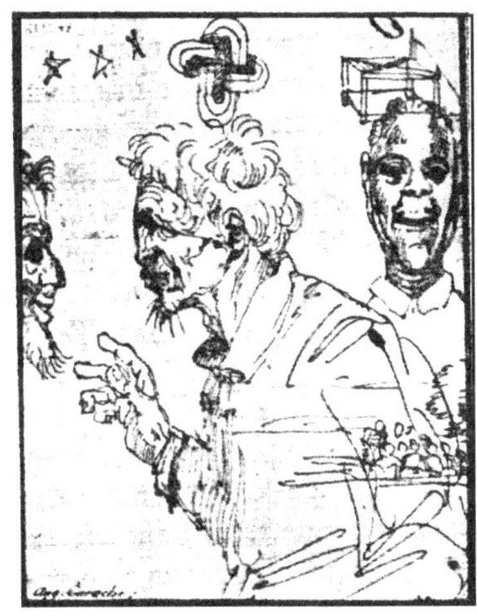

Agostino Carracci. 1600.

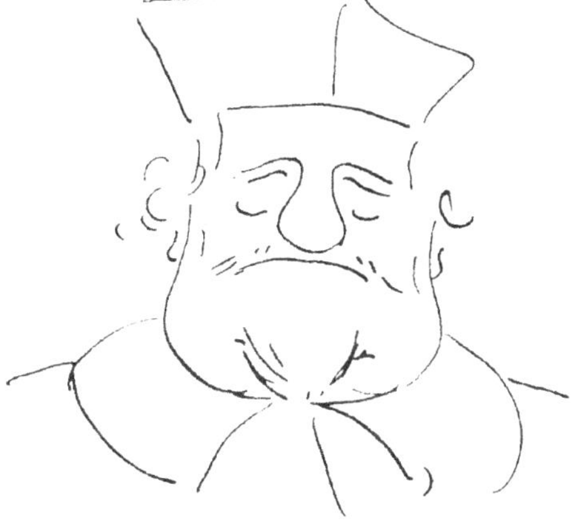

Bernini. 1650.

El verdadero "boom" de la caricatura se produce entre los siglos XVIII y XIX, durante el período napoleónico. Uno de los más destacados como caricaturista es el inglés William Hogarth (1697-1754), quien criticaba fuertemente las costumbres de su tiempo. Al no existir periódicos en esa época ni formas para reproducir grandes cantidades, Hogarth elaboraba grabados que se imprimían en rudimentarias prensas para ser distribuidos.

En Francia nace la caricatura con intención social y política. Se destaca Honoré Daumier (1808-1879), el primero en publicar en un periódico una caricatura política.

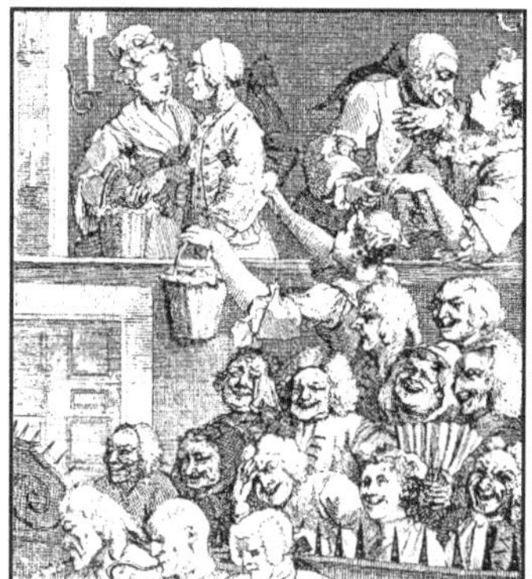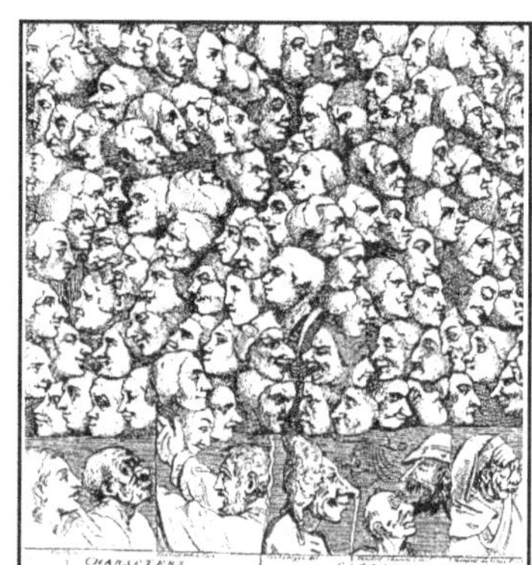

Dibujo de William Hogarth

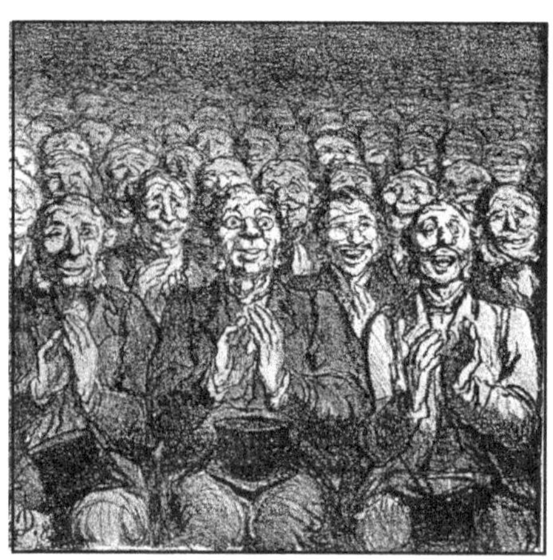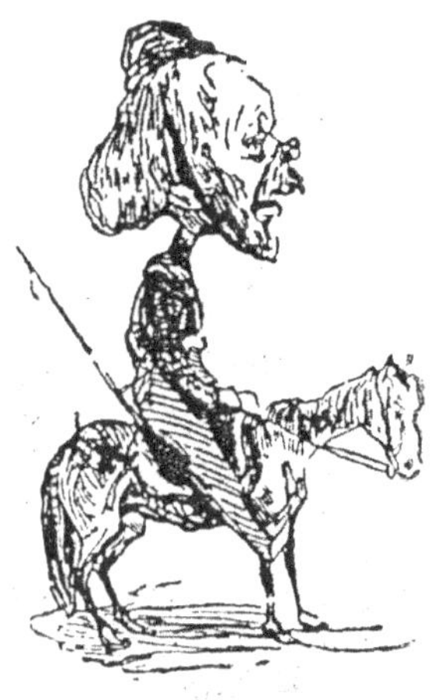

Dibujo de Honorè Daumier

Como un hecho interesante de la caricatura de la época (1831),
aparece la primera revista especializada en este género titulada
"La caricature", en donde el caricaturista francés Charles Philipon
publica la famosísima caricatura del Emperador Louis Philippe en
forma de pera, acción que lo llevó a pagar una fuerte multa. Como
defensa, su revista publicó la secuencia famosa que es una especie
de análisis a cámara lenta del proceso de caricaturización.

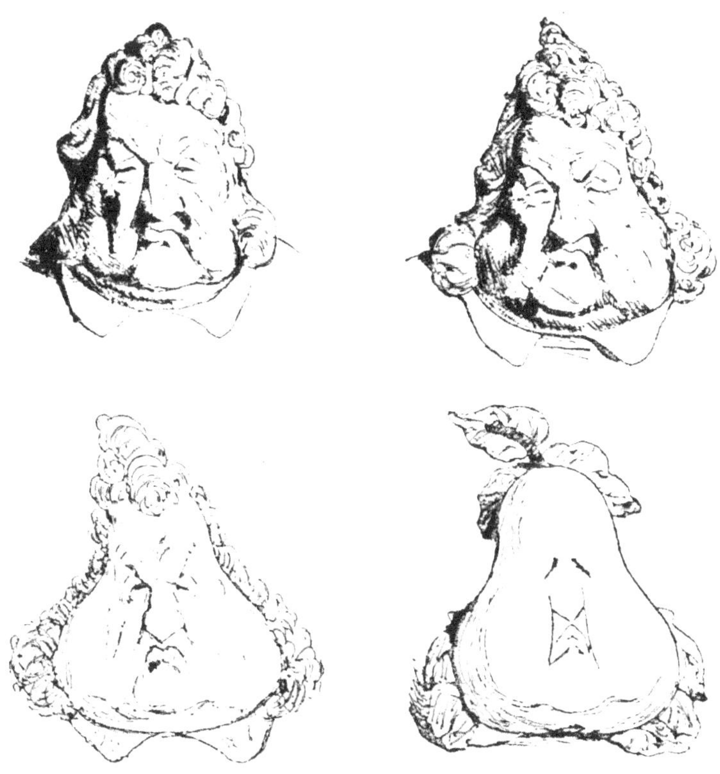

Philipon, De Le Charivari. 1834.

Facciones

Para ser un buen dibujante de caricaturas, se requiere observar detenidamente el rostro de las personas para percibir y destacar lo más sobresaliente de sus facciones, para revelar la manera de ser o de sentir de un individuo.

La caricatura es exagerar aquellos detalles, grandes o pequeños del rostro de un personaje que se presten para la deformación del dibujo como pueden ser la frente, los ojos, la nariz, la boca, el mentón, las orejas y la forma característica de la cabeza.

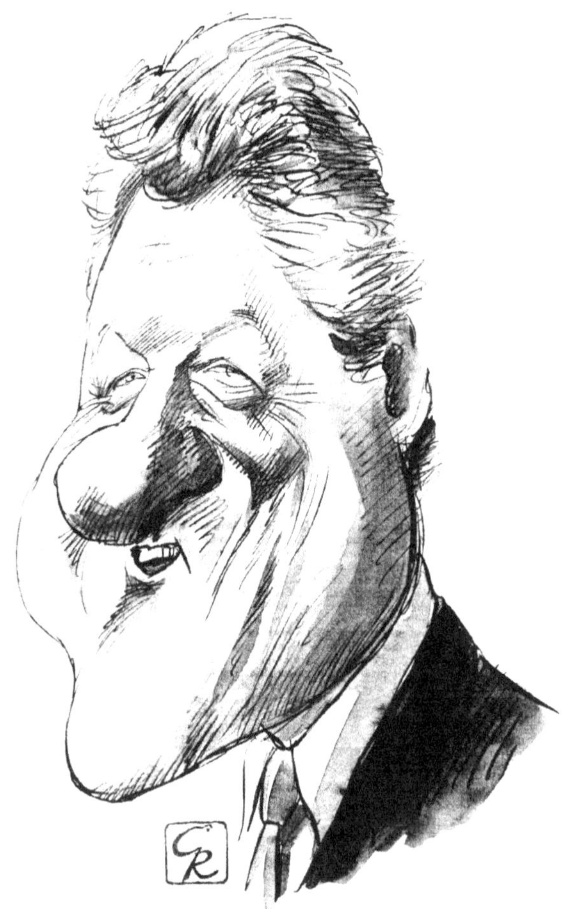

Bill Clinton, ex presidente de los Estados Unidos. Dibujo de José María Gallego.

El cuerpo

El dibujo del cuerpo del personaje es importante para enfatizar más su forma caricaturesca; para exagerarlo, debe tenerse en cuenta si es gordo, flaco, alto o bajo

Observando y tomando apuntes rápidos de personas es como aprendemos a encontrar las diferencias, para luego dibujarlas detalladamente dentro del ámbito propio de la caricatura.

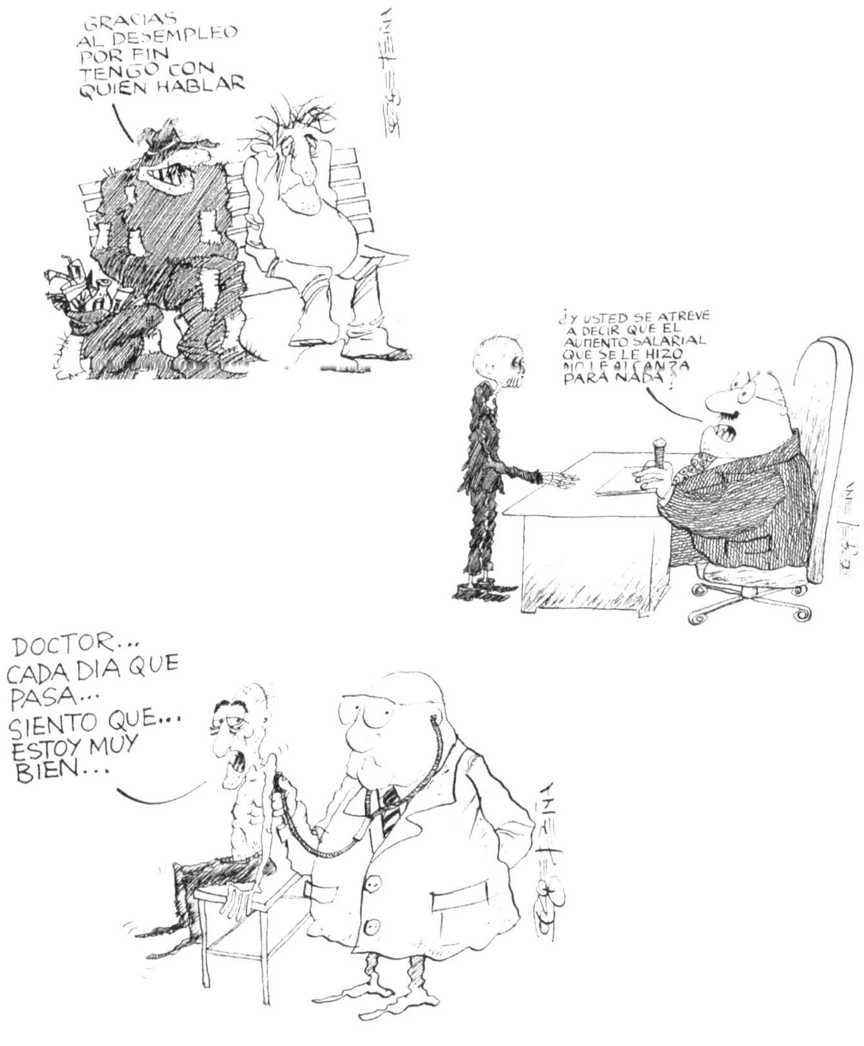

Pasos a seguir

Para el dibujo de una caricatura, se requiere de unos trazos o esbozos preliminares, hechos con lápiz de mina negra blanda, que van a permitir ajustar líneas y proporciones para definir los rasgos más característicos manteniendo así su semejanza. A continuación tomamos como ejemplo dos personajes, masculino y femenino, en donde se indican los pasos a seguir para el dibujo de sus caricaturas.

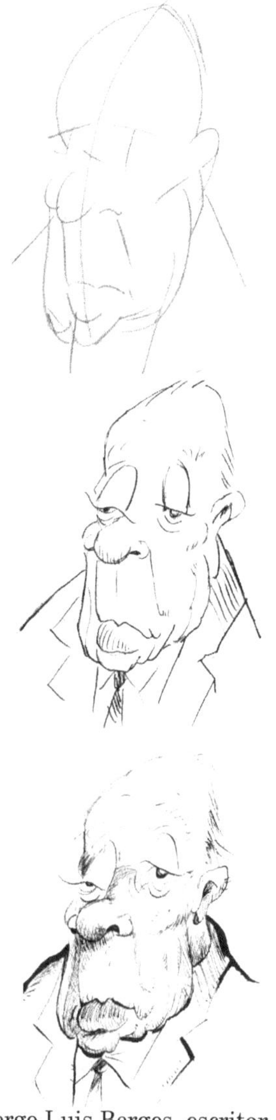

Jorge Luis Borges, escritor.

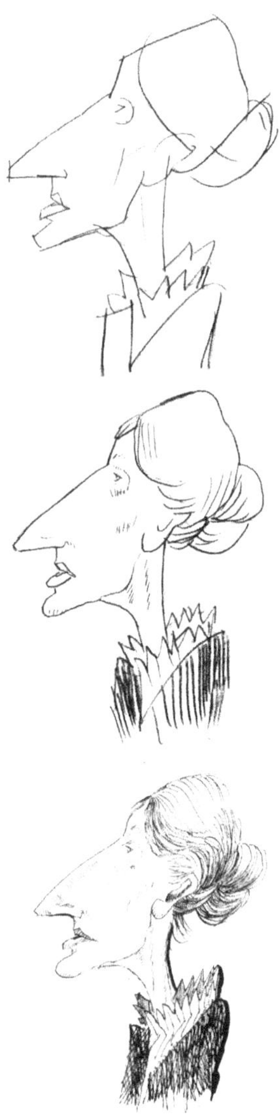

Virginia Woolf, novelista.

El recurso de la fotografía

Si no logramos hacer una caricatura con lápiz y plumilla, tenemos el recurso de la fotografía que nos va a permitir comprender de una forma sencilla y divertida, cómo generar caricaturas. Recortando fotos de personajes que aparecen en revistas o periódicos y por medio del ensamble, que consiste en colocarle la boca, la nariz o el cuerpo de otro modelo, obtenemos, como resultado final, figuras muy graciosas

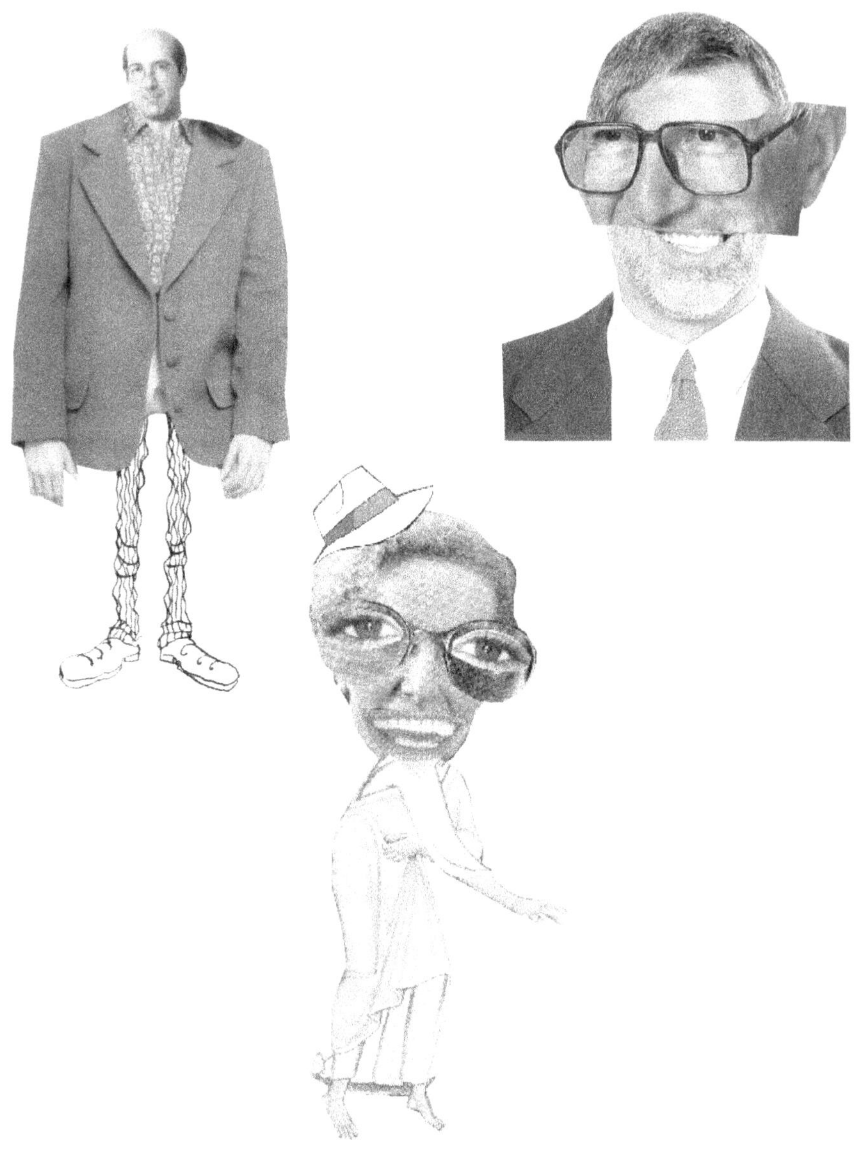

Otra forma interesante para realizar caricaturas muy simpáticas, es la de tomar partes de la foto de los personajes, como puede ser su rostro, si se quiere, para luego intervenirlo con el uso del dibujo para darle una mayor caracterización como caricatura.

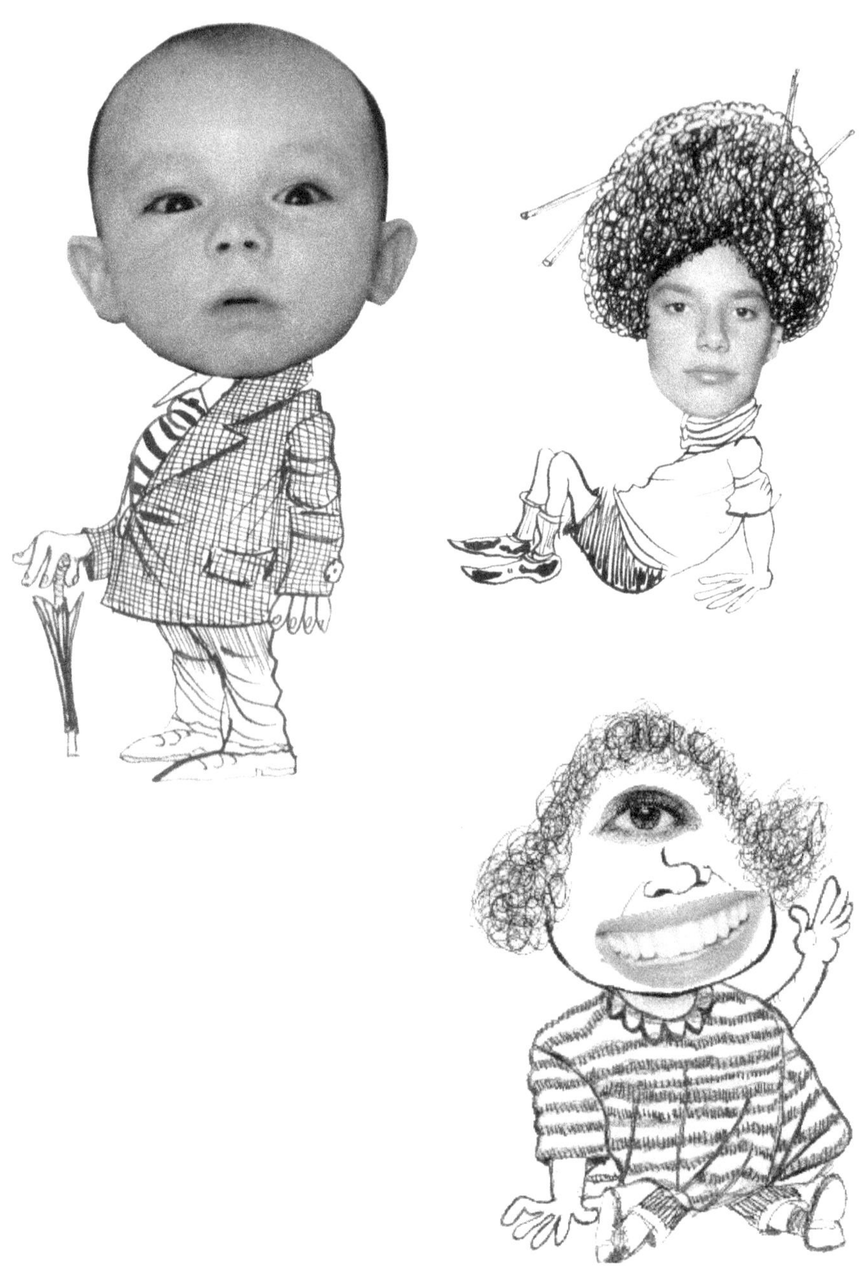

Ayuda de la cuadrícula

Cuando se nos dificulta dibujar una caricatura con el parecido exacto del personaje, recurrimos al uso de la cuadrícula y así lograr lo deseado.

El ejercicio consiste en lo siguiente:

Sobre la foto o dibujo de un personaje se le coloca encima (para no dañar la foto o dibujo), un papel o acetato transparentes para dibujar sobre él una cuadrícula de espacios internos iguales con numeración vertical y horizontal y que cubra todo el rostro. Figura A.

A continuación se dibujan tres cuadrículas con espacios internos no iguales, pero manteniendo siempre el mismo número de espacios tanto vertical como horizontalmente, que componen la cuadrícula de la figura A. De esta manera se explica cómo se genera en cada una de las cuadrículas la desproporción del rostro para encontrar tres tipos diferentes de caricaturas del mismo personaje (Figuras B, C, D).

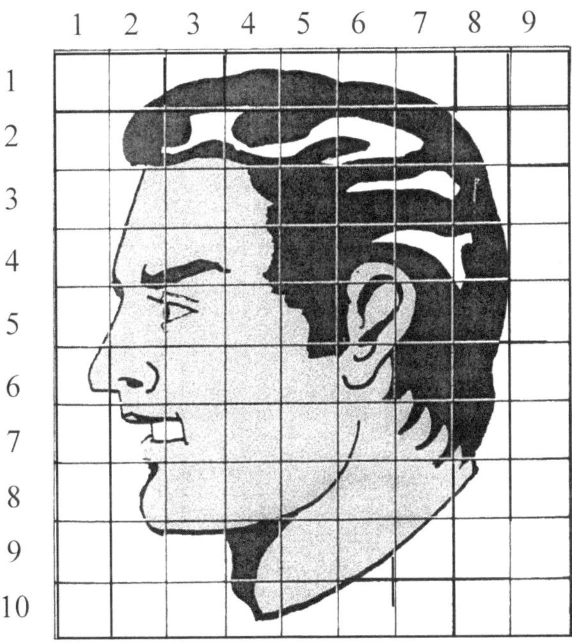

Figura A.

Estas cuadrículas se trazan suavemente con lápiz de mina negra sobre el papel en donde se va a dibujar la caricatura, para después borrarlas cuando se haya resuelto el dibujo con pluma o plumilla y la tinta china negra. Para el dibujo de la caricatura de un familiar o amigo, usted puede tomar como ejemplo alguna de las tres propuestas de las cuadrículas anteriores, o si lo prefiere, genere usted sus propias cuadrículas para encontrar la desproporción deseada para la caricatura.

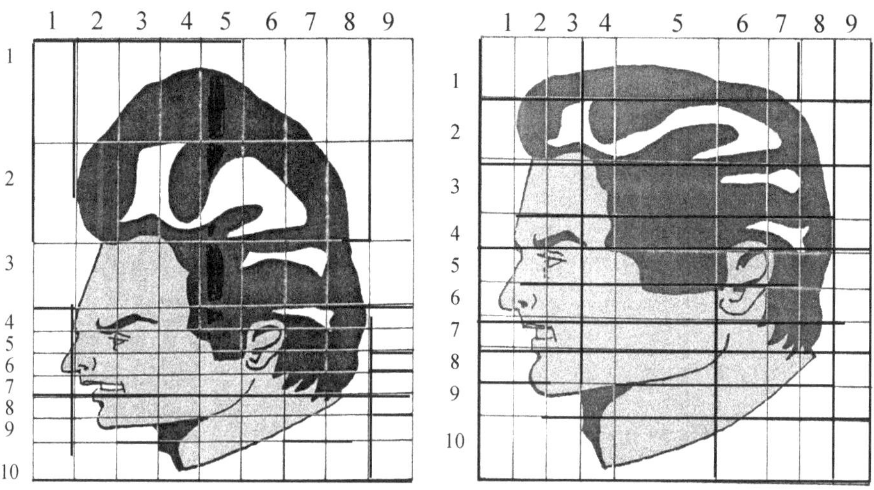

Figura B.

Figura C.

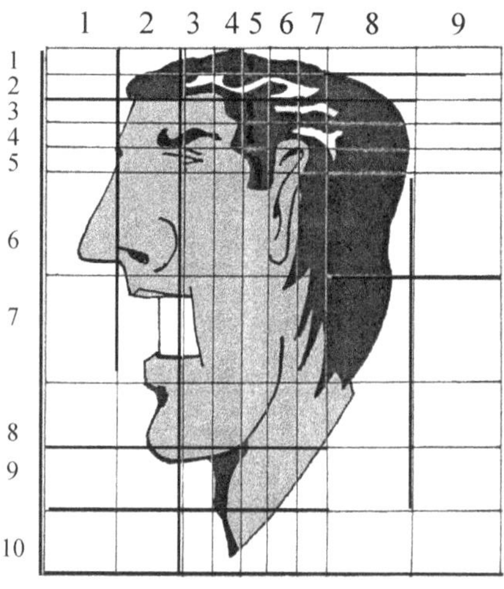

Figura D.

Galería de personajes

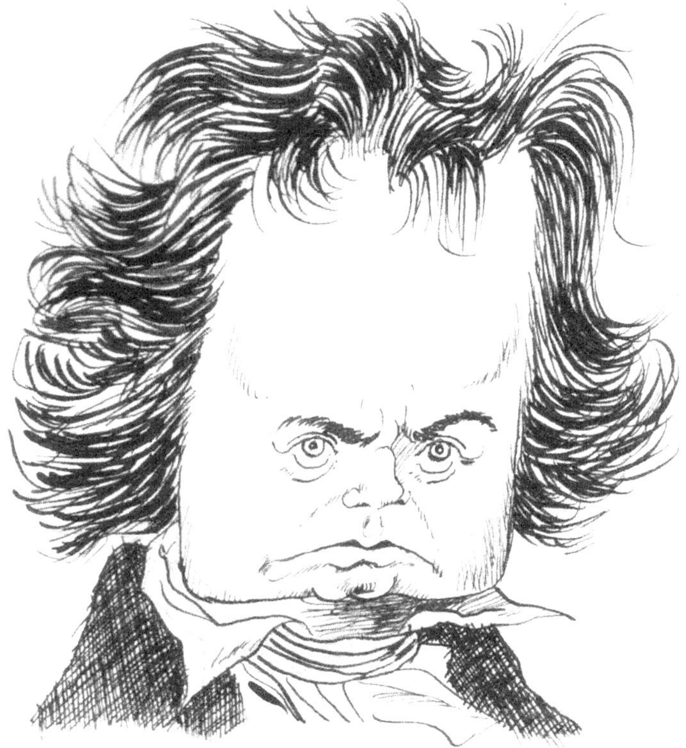

Ludwig van Beethoven, compositor alemán.

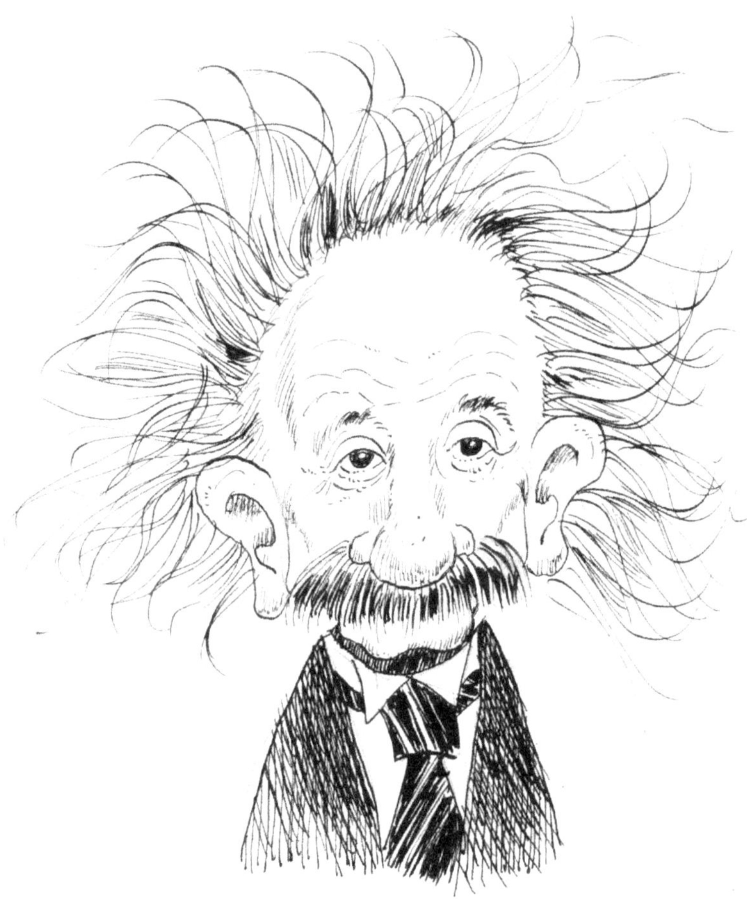

Albert Einstein, físico alemán.

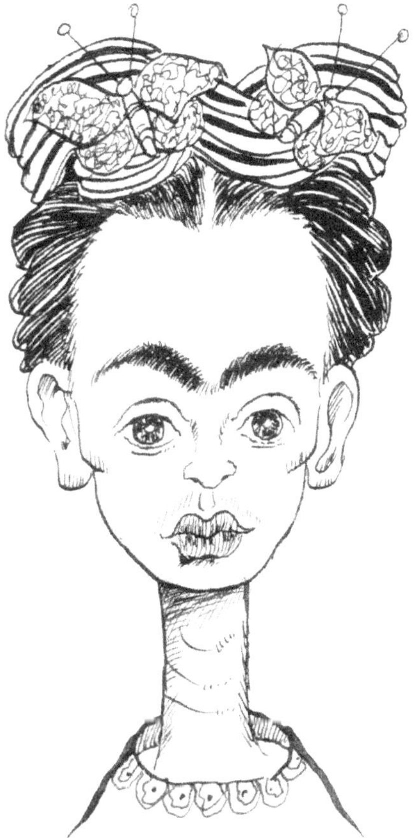

Frida Kahlo, pintora mexicana.

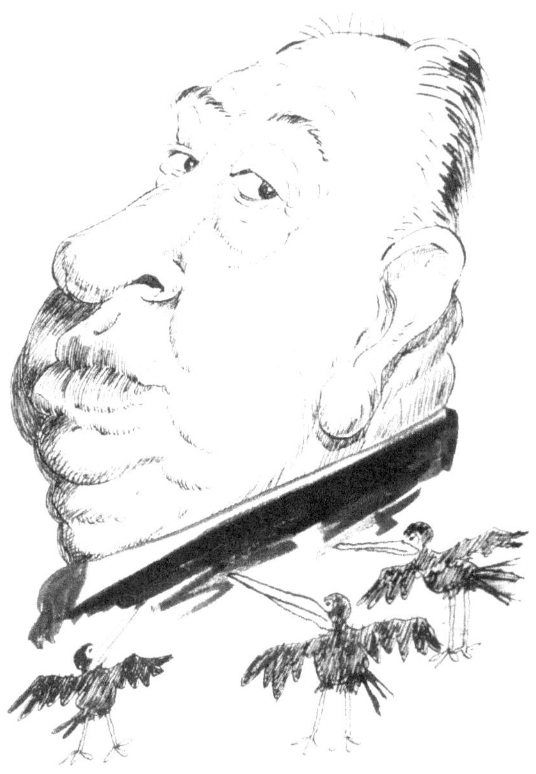

Alfred Hitchcock, director de cine británico.

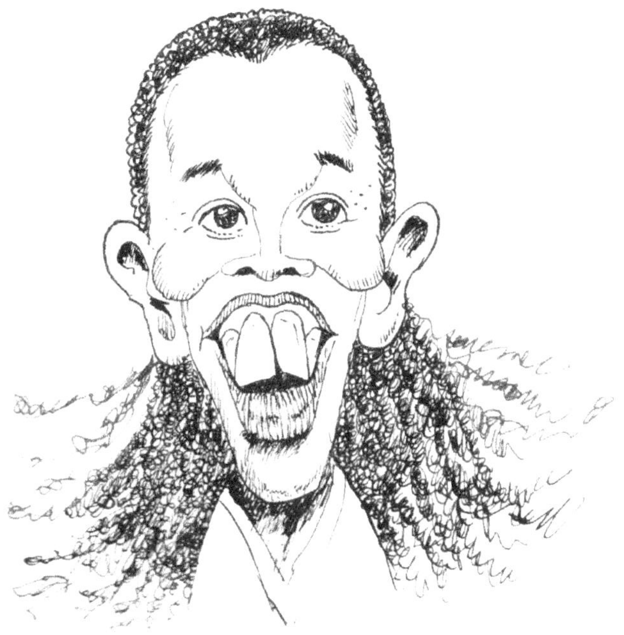

Ronaldinho, jugador de fútbol brasileño.

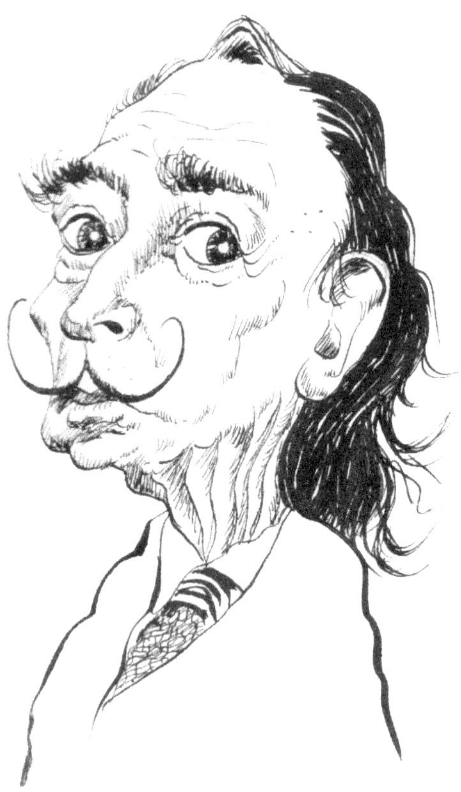

Salvador Dalí, pintor español.

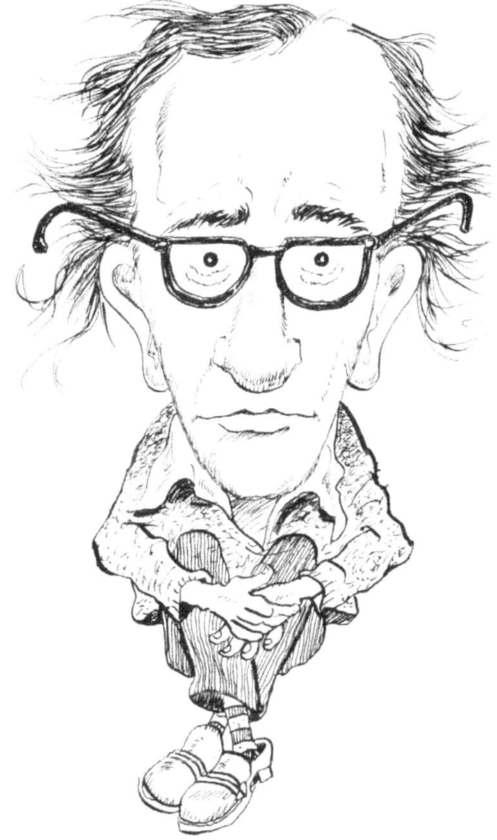

Woody Allen, director de cine norteamericano.

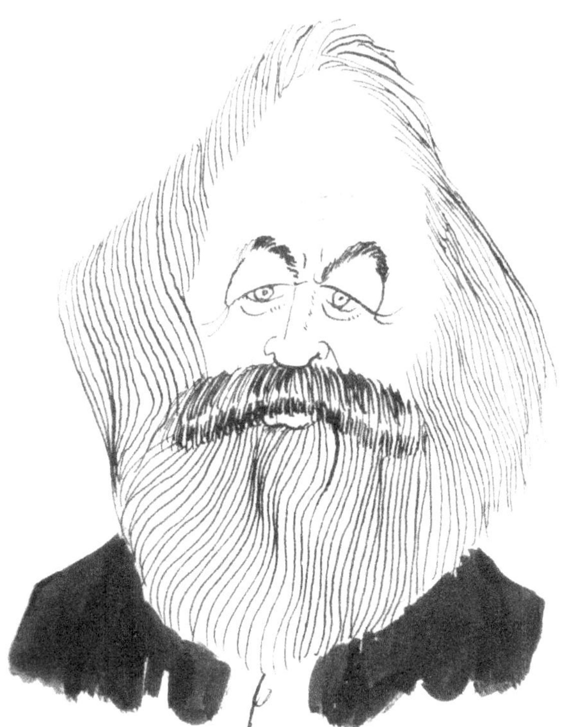

Karl Marx, filósofo y teórico del socialismo

Humor gráfico

El humor gráfico es la representación de situaciones cómicas mediante el uso del dibujo humorístico. Alguna vez dibujamos nuestro primer "mono" cuando éramos niños, bien en las paredes de la casa o en el cuaderno de las tareas y a escondidas del profesor para no ser sorprendidos.

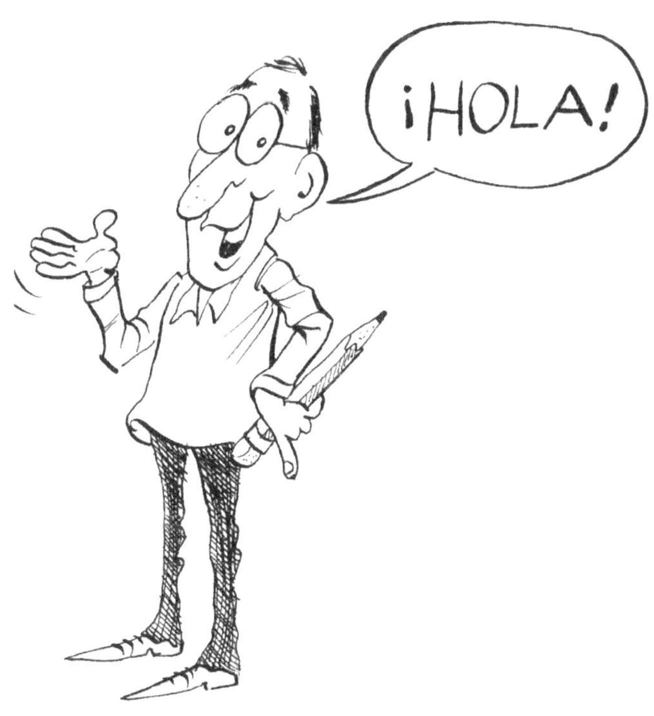

Hoy ese "mono" es tan válido y tan importante como las primeras letras y números que aprendimos para podernos comunicar con los demás seres humanos.

El dibujo humorístico nos va a permitir una mayor y mejor comunicación con las demás personas por su simplicidad y contenido visual expresivo. Si nos proponemos y de verdad queremos aprender, todo será fácil. Dibujar es igual a saber escribir.

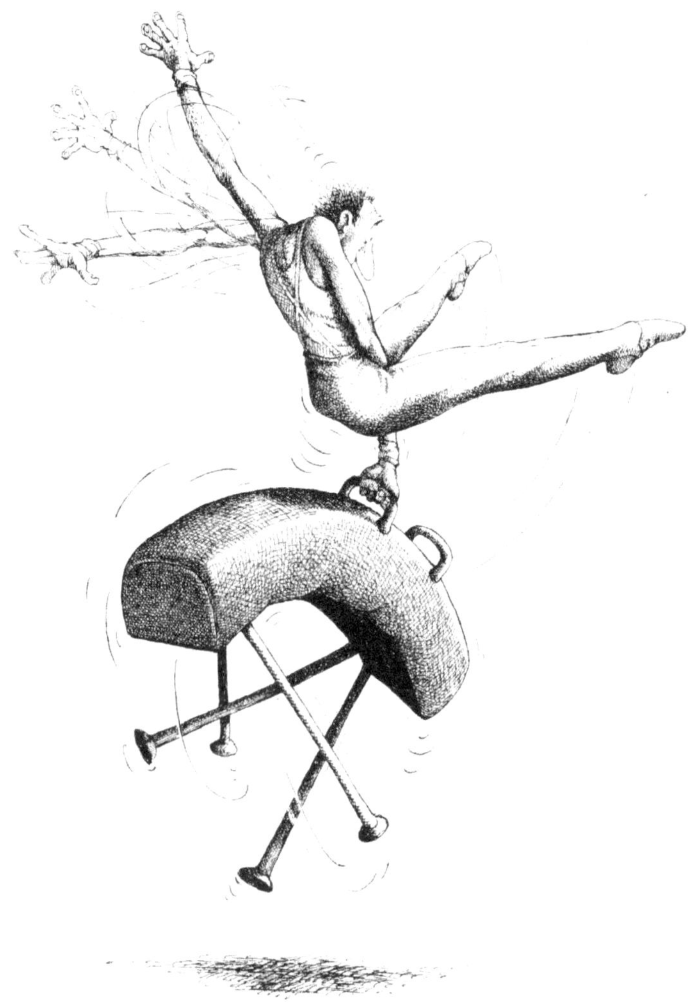

Dibujo de Serre.

Se dice que la práctica hace maestros. Con cada una de las siguientes lecciones que usted desarrolle va a comprender paso por paso y de una forma sencilla y clara, cómo, a partir de unos trazos dados, con un simple lápiz, se logra fácilmente la expresión para definir el contenido del dibujo de humor.

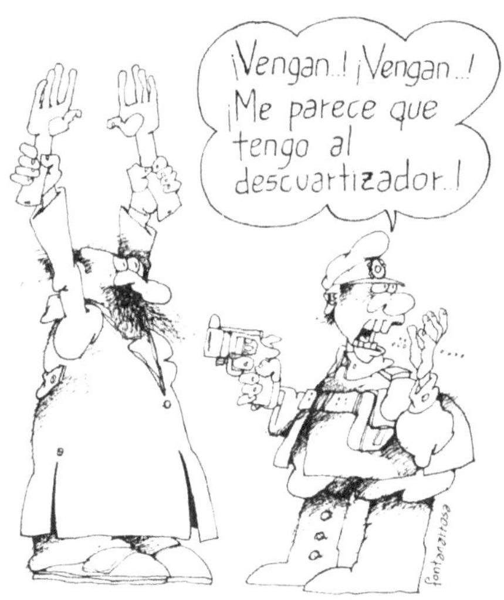

Dibujo de Fontanarrosa.

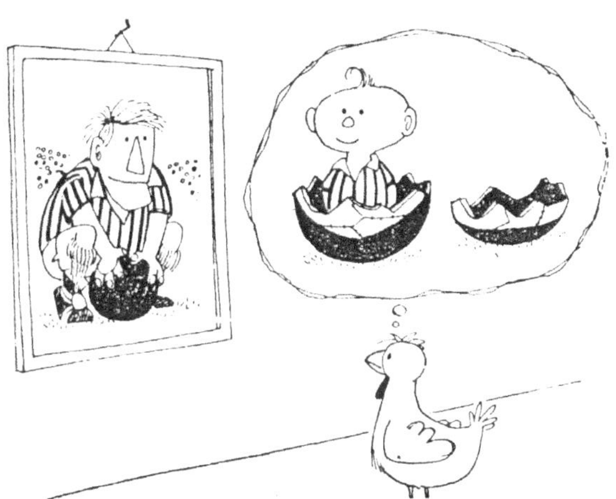

Dibujo de Quino.

Lo más importante para el dibujo de humor es desarrollarlo a partir de nuestra propia expresión gráfica. No todos dibujamos igual, con esto queremos decir que debemos aplicar la propia personalidad: es ver la faceta más afín a la manera de ser.

La espontaneidad y el trazo suelto, brindan mayor seguridad para trascender de sus líneas y llevar ese mensaje de humor gráfico, bien sea con el dibujo de la expresión del rostro o algún movimiento del cuerpo del personaje.

Stoyan Venev

Jonita Nicolae

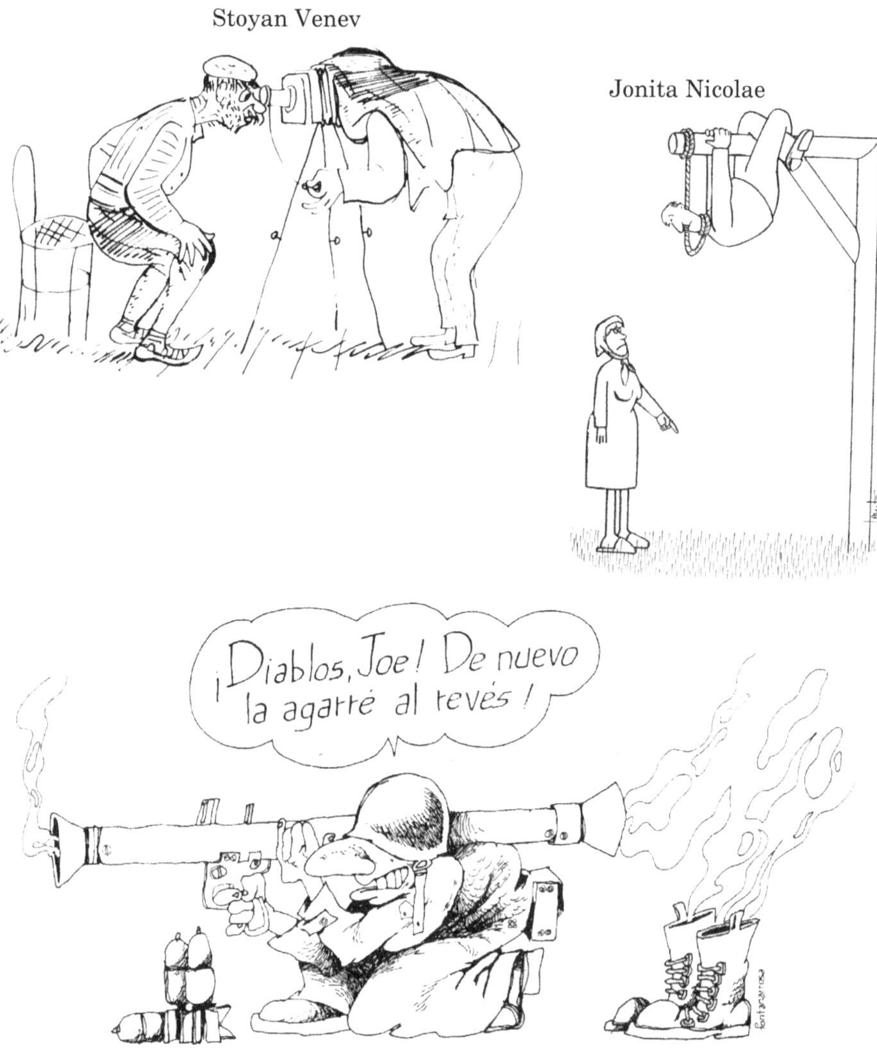

Fontanarrosa

El garabateo

Lo que despectivamente llaman garabatos, esos dibujos de rasgos mal formados y sin una intención aparente de buen dibujo, aquí, en estas páginas, esos comentarios no tienen validez alguna porque, precisamente, lo más importante que poseen esos dibujos son la fuerza de expresión que hay en cada trazo y también por su forma espontánea y segura de resolverlos.

Así pues, apreciado lector, no se preocupe por esos primeros trazos si al principio no le quedan bien resueltos.

El garabatear nos permite tener seguridad en el momento del trazo y a la vez ir comprendiendo cómo se arman las figuras

Estos primeros ejercicios desarróllelos libremente como si estuviera jugando con el lápiz.

¡Vamos... anímese a dibujar su primer garabato!

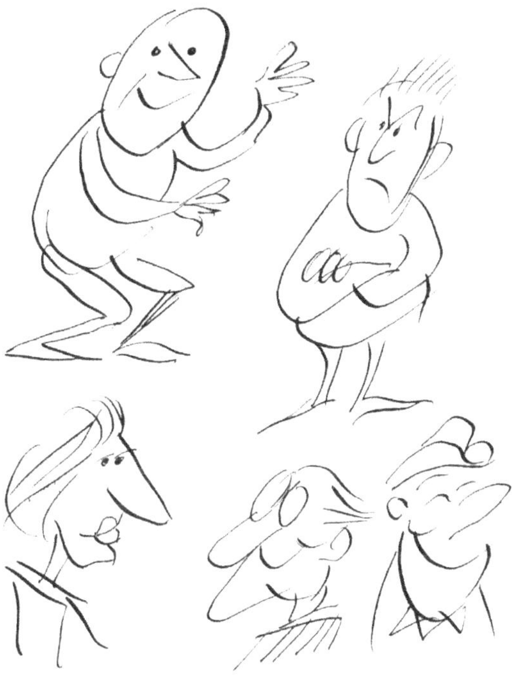

Anatomía expresiva del "mono"

Empecemos por aprender, de manera sencilla y rápida con el rayado a lápiz, cómo se dibuja la expresión del cuerpo en el dibujo humorístico. Recuerde que, no sólo en el dibujo del rostro está la expresión, el lenguaje corporal es un ingrediente más para determinar, visualmente, el estado de ánimo en que se encuentra el personaje.

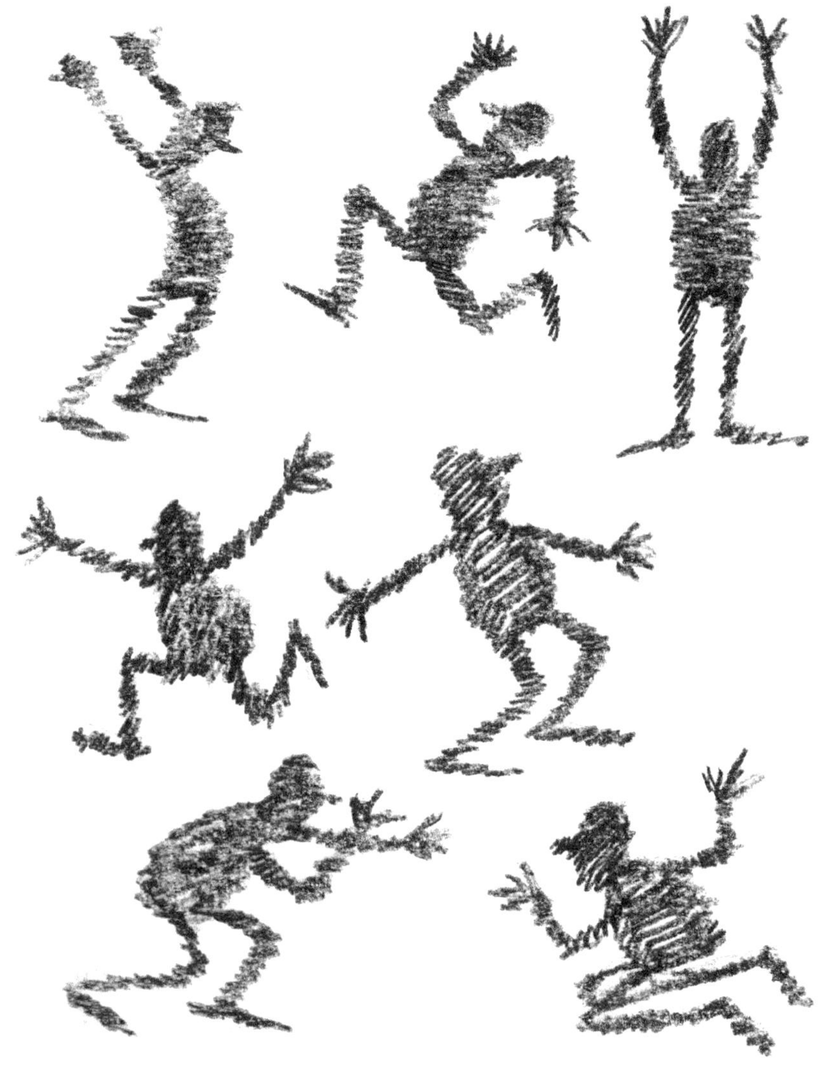

Puede darse, también, esta anatomía expresiva practicando el dibujo con el muñequito de alambre y buscando siempre la máxima expresividad en sus movimientos. Figura A. Otro ejercicio importante para practicar y encontrar nuevas proporciones en los "monos", es el que se hace a continuación con sólo círculos y óvalos. Figura B. Con un lápiz de mina negra de uso general y varias hojas de papel, haga prácticas de estos ejercicios hasta lograr las expresiones deseadas.

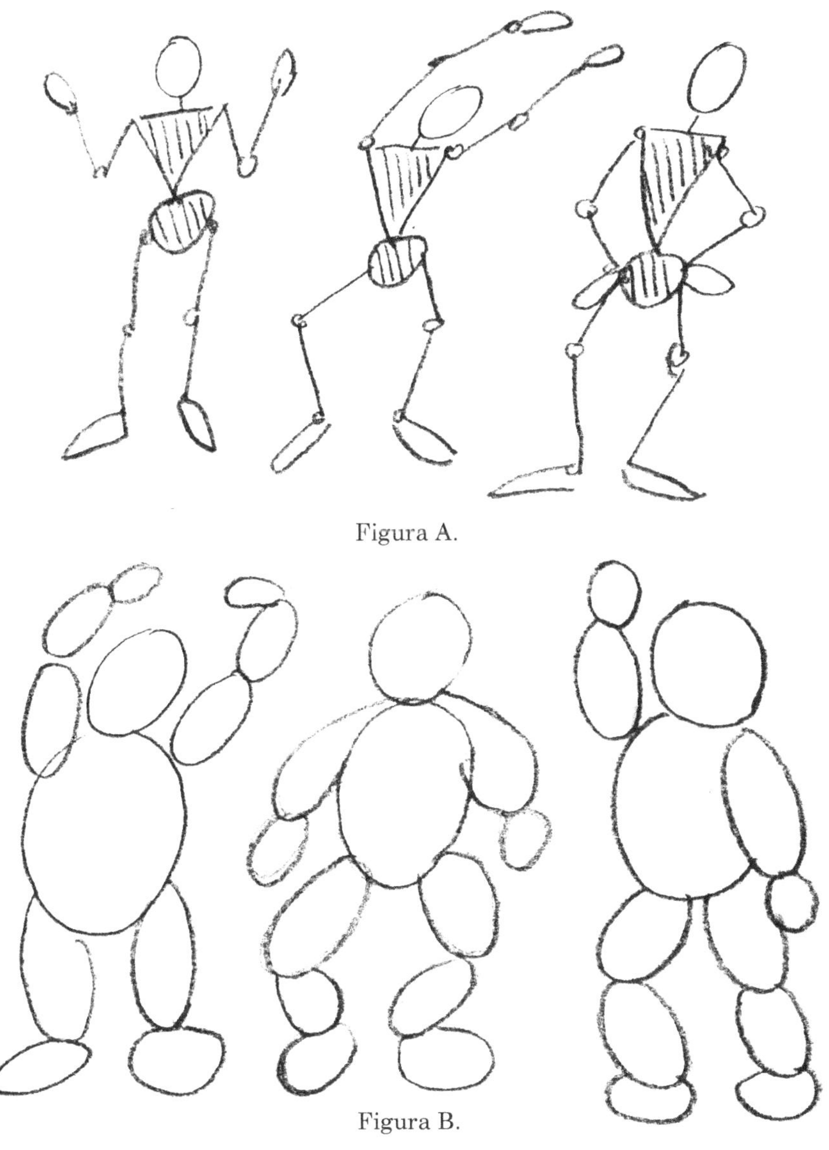

Figura A.

Figura B.

La proporción y la desproporción

Para comprender mejor dónde aparece la variedad de tamaños o desproporciones de los cuerpos en los dibujos humorísticos, se ha tomado como ejemplo la proporción del canon de ocho cabezas en el dibujo de una persona normal (Figura A).

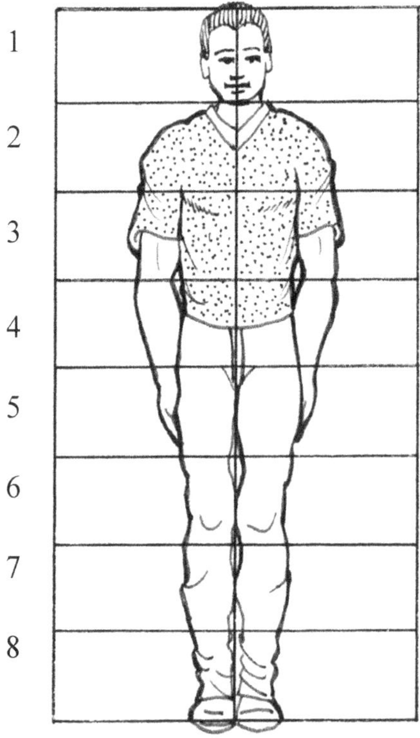

Figura A.

Dentro de este canon y a gusto personal, establecemos medidas diferentes para hallar la desproporción de los personajes cómicos a dibujar y así encontrar esa variedad gráfica humorística en cada "mono" (Figuras B, C, D). Para no quedar en un estilo caduco e infantil, el dibujo humorístico de hoy suele ser exagerado y absurdo en su apariencia.

Practique dibujando a partir de este canon, otras nuevas proporciones aplicando su estilo propio en cada uno de los personajes.

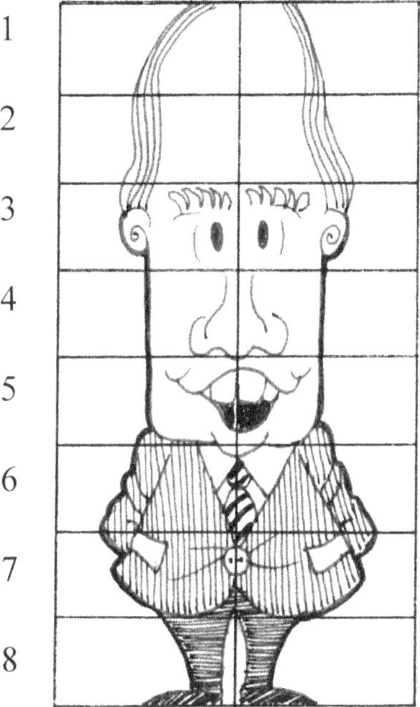

Figura B.

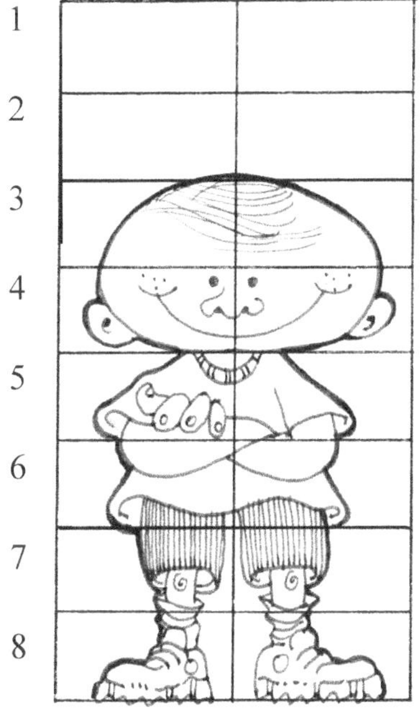

Figura C.

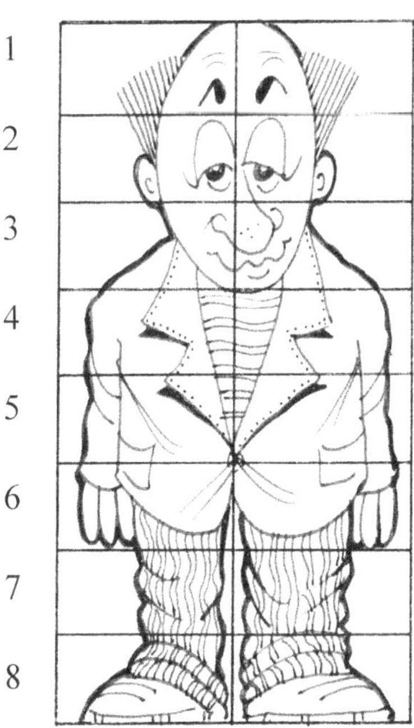

Figura D.

Estudio de un personaje

Ya teniendo definida una proporción del personaje humorístico, lo dibujamos dentro de un esquema de líneas básicas para poderlo visualizar en varias poses y para que mantenga siempre su parecido. De frente, de perfil, de espaldas, de tres cuartos

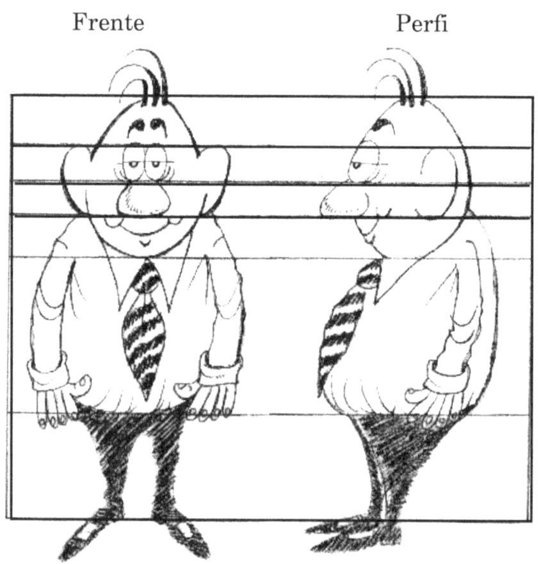

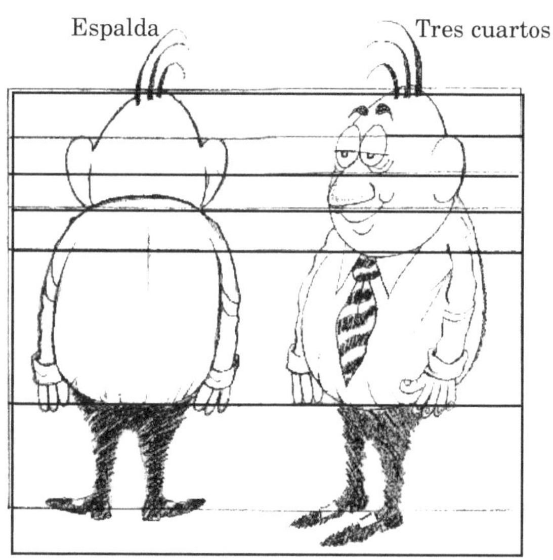

Pasos a seguir para dibujar un "mono"

Con los conocimientos anteriores, aprendidos previamente, se explica aquí claramente el proceso a seguir para dar inicio al dibujo de nuestro primer "mono". Se desarrolla primero con unos esquemas básicos en donde con trazos muy sueltos a lápiz, se van acomodando las diferentes masas que componen la figura hasta llegar a su acabado final que se da con tinta china negra. Haga varias prácticas hasta dominar todo el proceso. (1. Croquis inicial. 2. Planteamiento del sombreado. 3. Dibujo terminado).

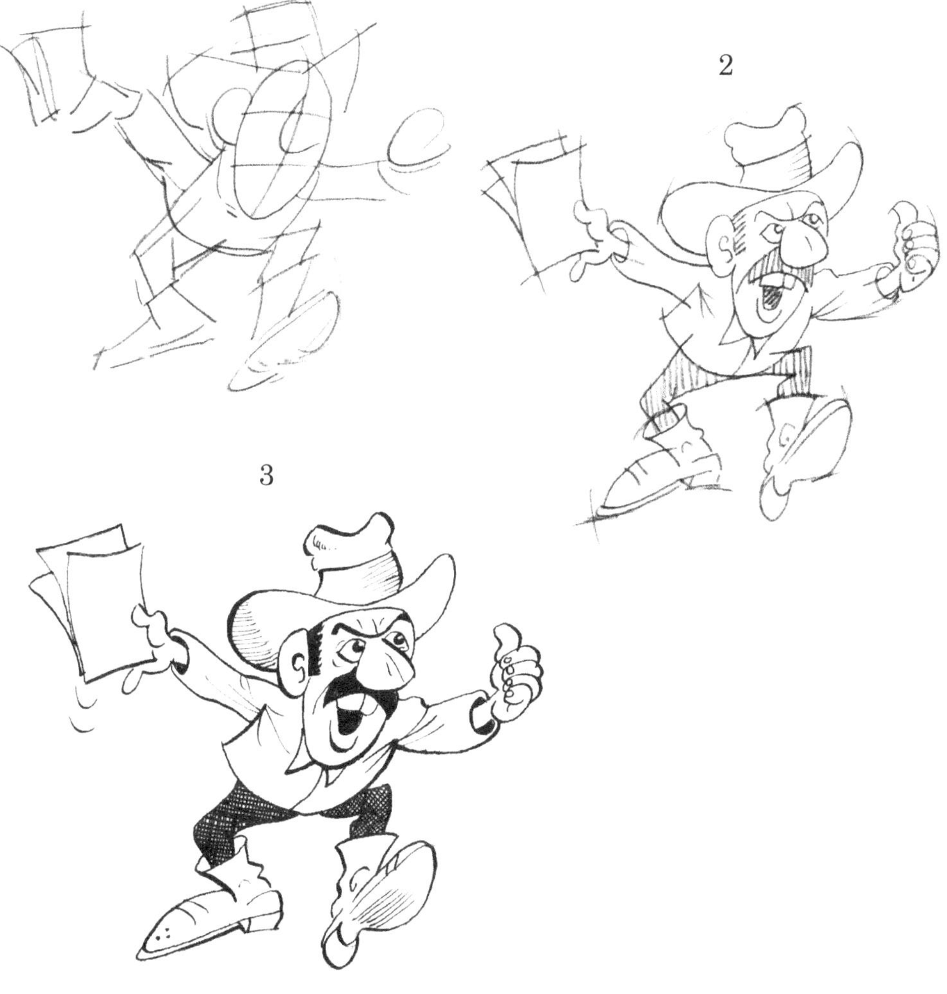

Expresiones

Comprendiendo cómo se genera un "mono", ahora es importante conocer el manejo de las diferentes expresiones del rostro, Éstas son fundamentales porque son las que le dan ese toque de "vida" y hacen que verdaderamente comuniquen el estado de ánimo o actitud en que se encuentra el personaje. Estas expresiones se centran sobre todo en los rasgos de la boca, los ojos y las cejas.

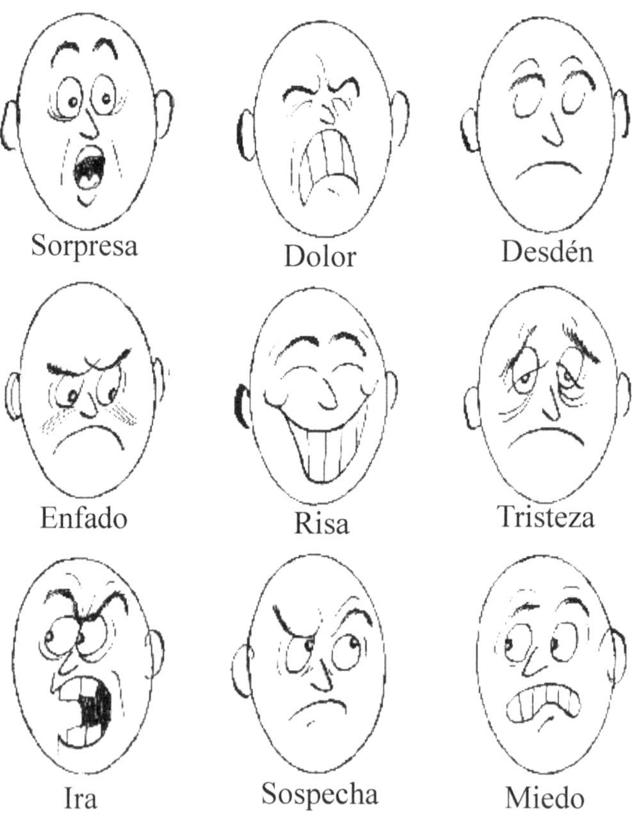

Sorpresa — Dolor — Desdén

Enfado — Risa — Tristeza

Ira — Sospecha — Miedo

Tipos de cabello

Para que no todos los "monos" nos queden iguales, es importante tener en cuenta el tratamiento del cabello ya que existen diferentes formas y tonos. Observe cuidadosamente estos ejercicios y practíquelos hasta adquirir destreza.

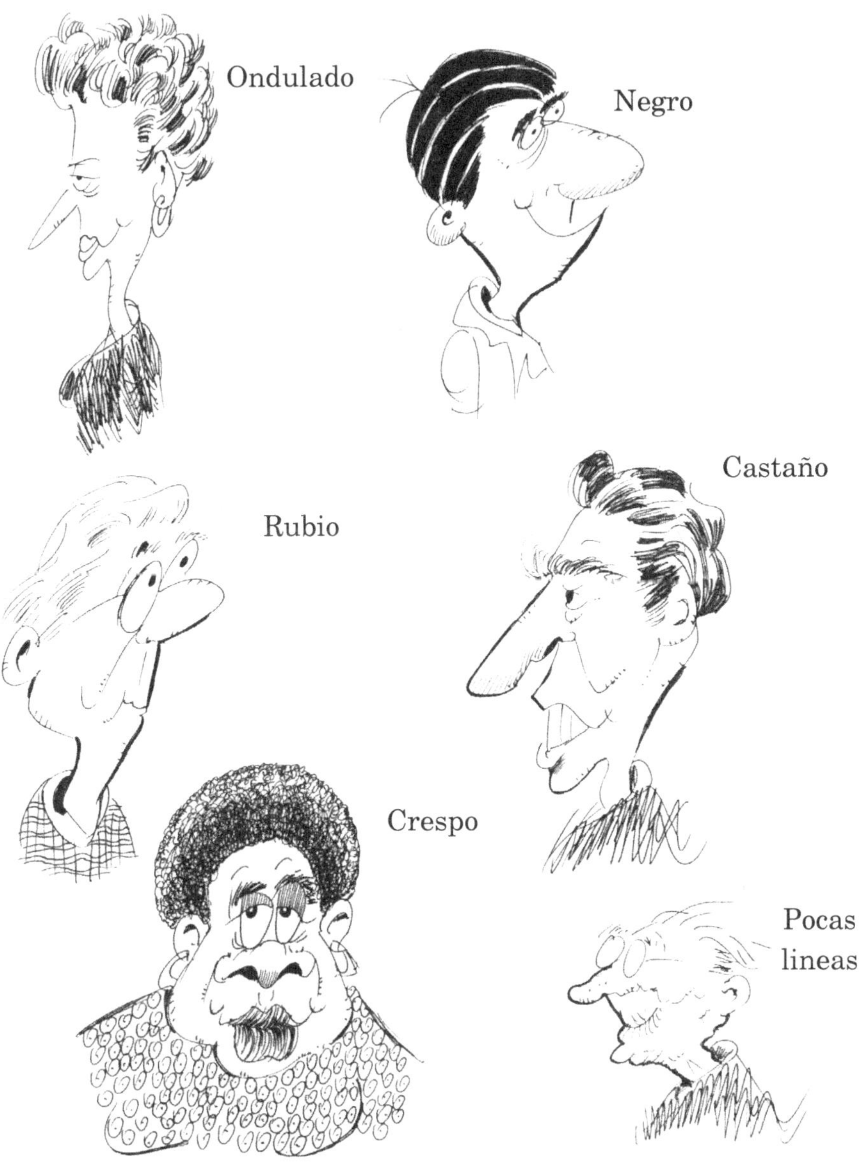

Rostros diversos

Este es un ejercicio muy simpático para encontrar variedad de rostros. Se dibujan ojos, nariz y boca (figura A) y se mantienen iguales en los demás rostros, luego se dibujan diferentes formas de cabello, así como diferentes líneas de contorno. Practique esta lección aplicando a su gusto otras formas de cabellos y contornos.

Figura A.

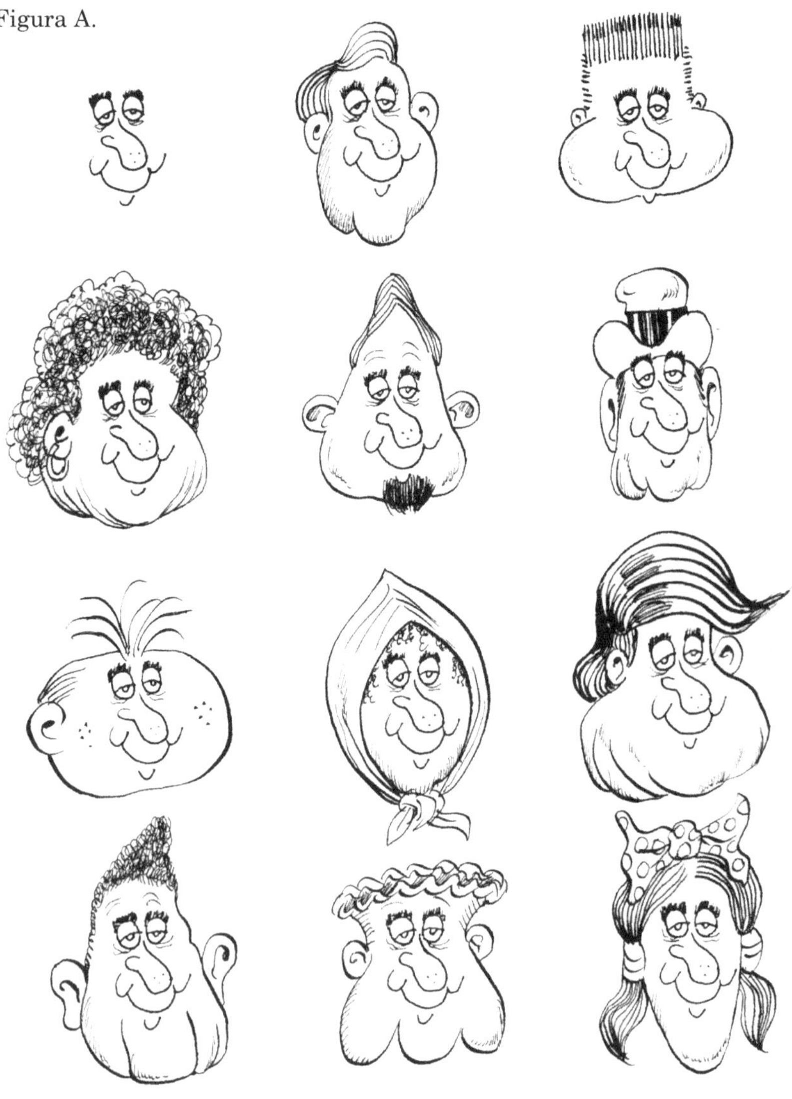

Manejo de los ejes en los rostros del dibujo de humor

Con el trazado de los ejes y su manejo, vamos a comprender cómo se definen los rasgos que hacen diferente a un personaje de otro. En el ejemplo que vemos (figura A) se han dibujado los ejes básicos, tanto los horizontales como el vertical, que son los que componen estos rostros de características humorísticas.

Dejando el eje vertical fijo y moviendo, al mismo tiempo, sólo los tres ejes horizontales hacia abajo y hacia arriba, se observa cómo el personaje va cambiando de edad. En ningún momento en este ejercicio se ha alterado el dibujo de los ojos, la nariz o la boca, éste sigue siendo igual para cada uno de los rostros: niño, adolescente, joven, adulto.

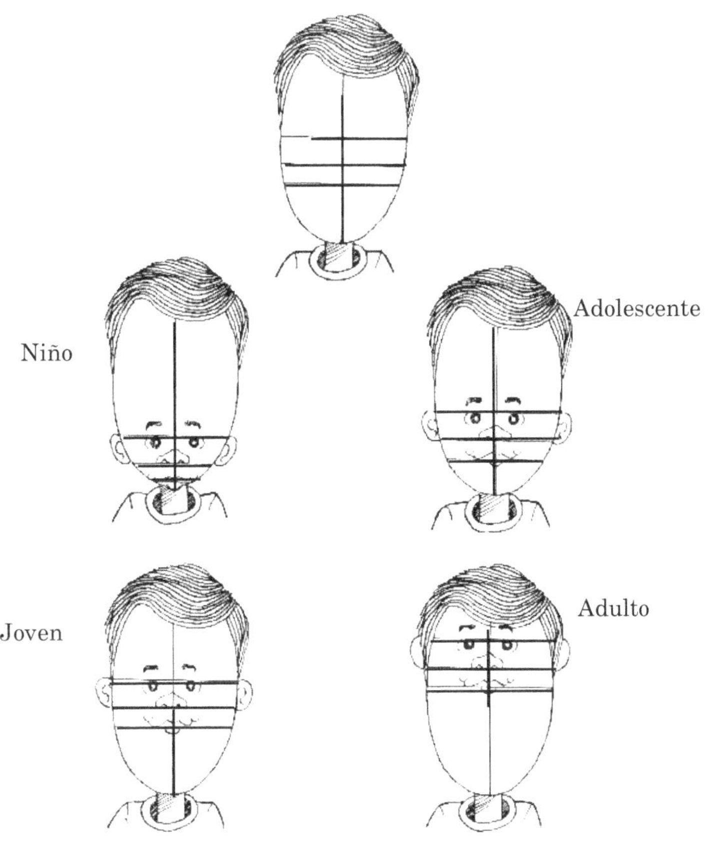

Seguimos con los mismo rostros pero aquí vamos a mover en forma independiente cada uno de los ejes horizontales, bien sea hacia arriba o hacia abajo y colocarlos donde creamos que se nos genera un nuevo rostro. También, si queremos, podemos mover los ojos a distancias diferentes, en el centro o los extremos del eje vertical y así encontrar otras expresiones. Figuras A, B.

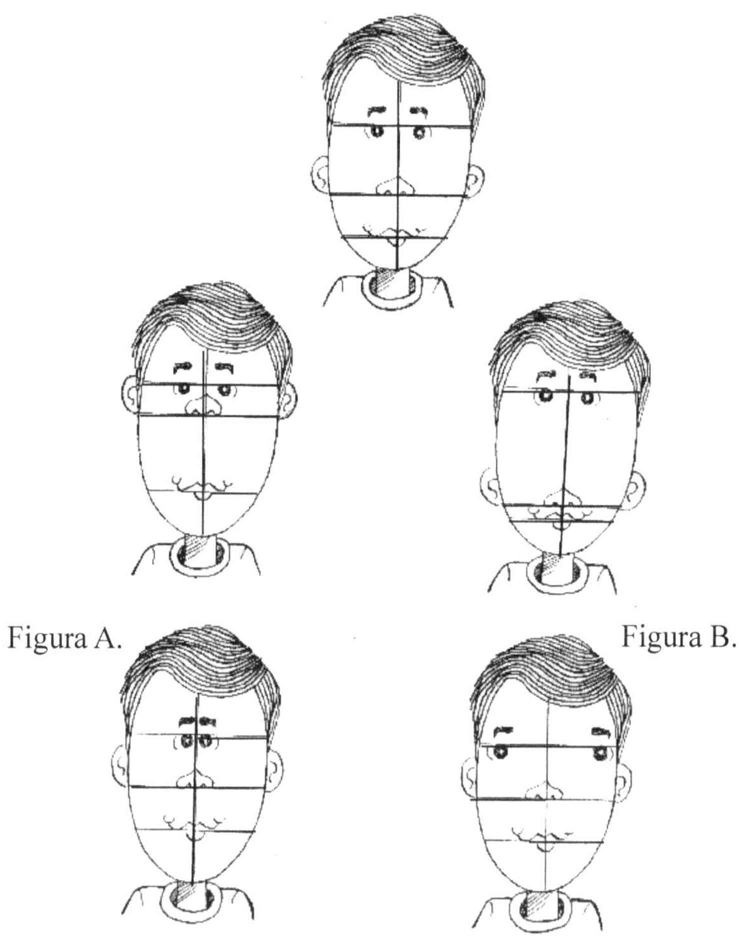

Figura A.

Figura B.

Teniendo como modelo la figura A, mirando perfectamente de frente, vamos a producir una sensación interesante con solo mover de manera lenta hacia el lado izquierdo y al derecho el eje vertical y sus líneas horizontales en donde están colocados ojos, nariz y boca, para observar cómo el personaje mira hacia esos lados.

Practique varias veces estos ejercicios, son muy útiles para lograr la caracterización deseada.

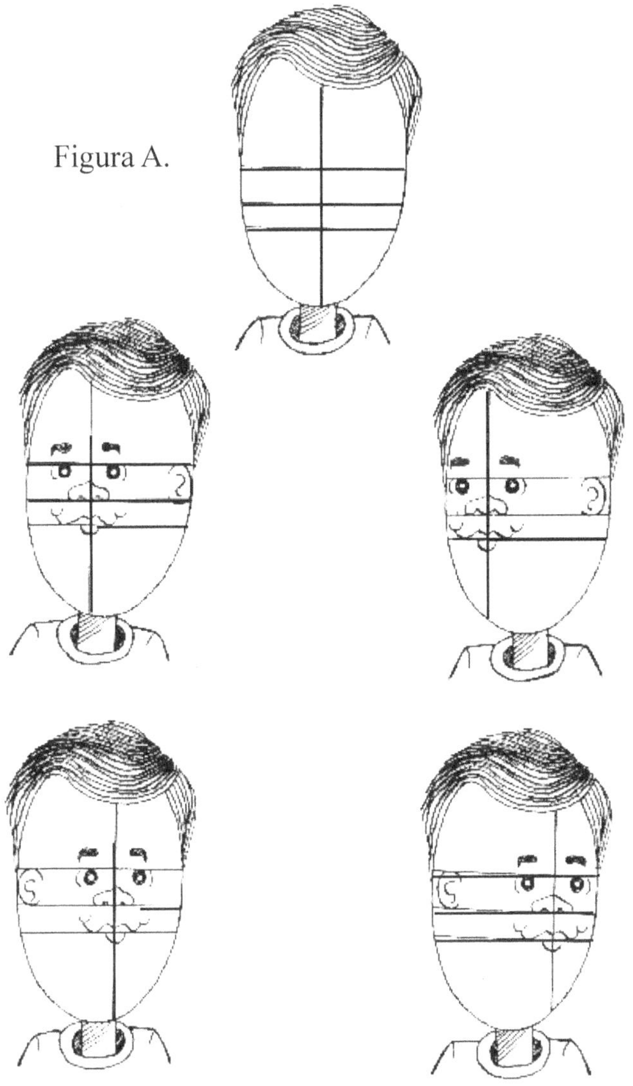

Figura A.

Diferentes ojos, nariz y boca

Defina a gusto el carácter que van a tener sus dibujos de humor. Es natural que uno se sienta inclinado por copiar a un excelente dibujante, pero procure no hacerlo. Dibuje sin perder su personalidad, dibuje como sienta cada forma. Aquí se dan algunos ejemplos gráficos de la variedad de rostros que pueden existir. Dentro de la figura A se dibujan diferentes ojos, nariz y boca para encontrar nuevos personajes. Usted también tiene la capacidad suficiente para dibujar otras formas. ¡Vamos anímese a dibujarlas¡

Figura A.

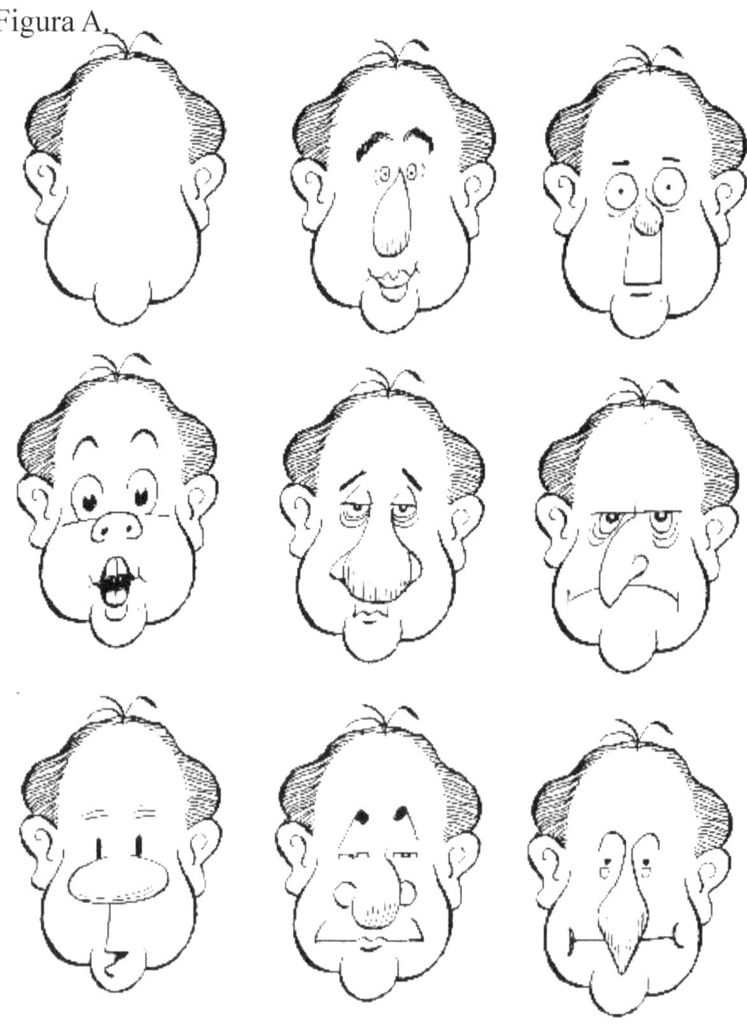

Dibujos de manos y pies

Analizando a varios dibujantes de importancia en el mundo del humor gráfico, se observa que cada uno de ellos tiene una característica muy particular para dibujar manos y pies. La idea con estos ejercicios es que usted encuentre el dibujo que más se acople al resto del cuerpo de su "mono".

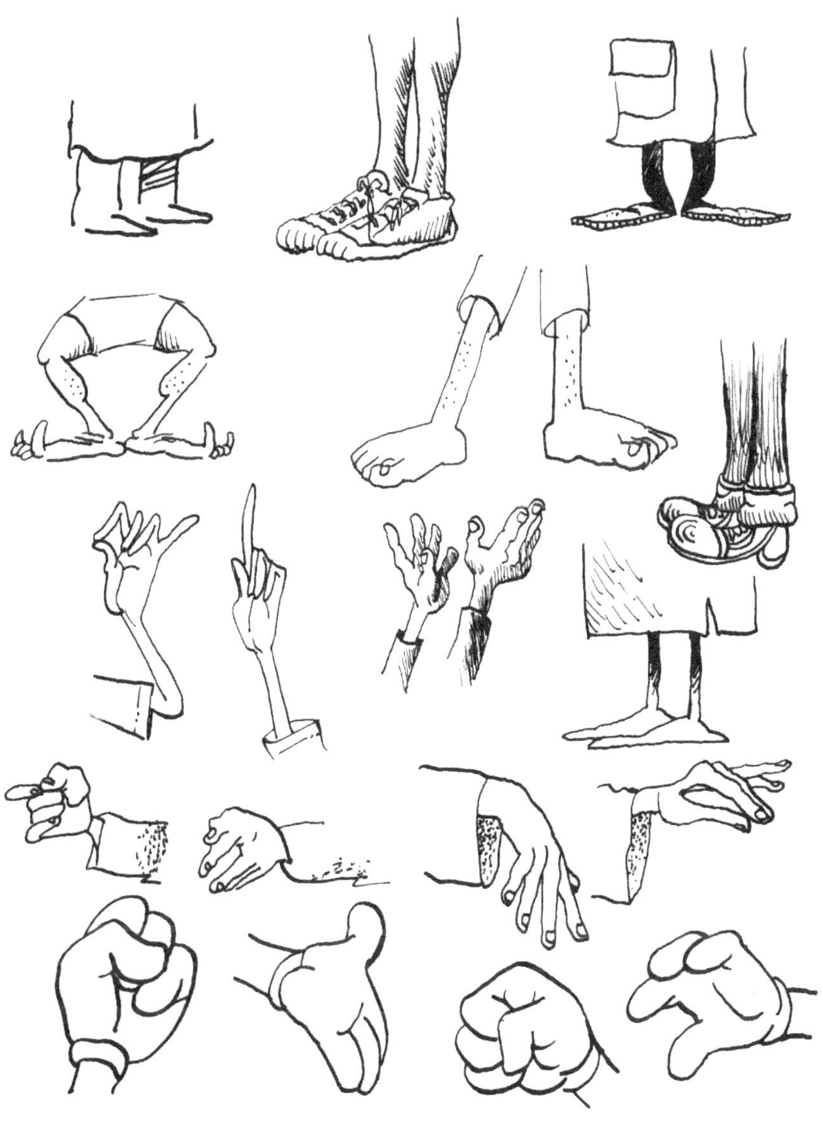

Con el estudio y la práctica se llega fácilmente al dibujo de nuevas formas de manos y pies. Ponga mucha atención al dibujo de las manos ya que éstas son muy expresivas y ayudan a enfatizar los deseos de comunicación de los personajes. Observe sus propias manos en diferentes poses e intente dibujarlas dándoles la característica propia del dibujo humorístico.

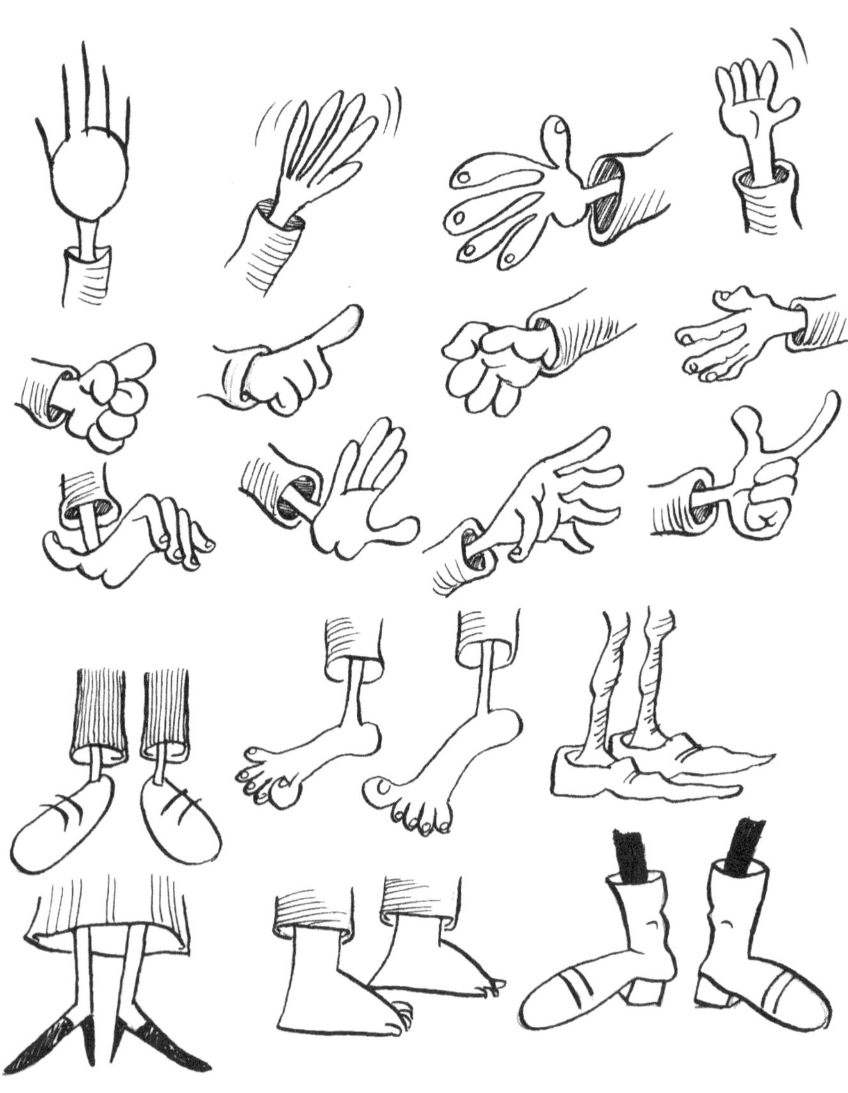

Movimientos y expresiones corporales

Aquí ya integramos, corporalmente, en su totalidad al "mono". Tiene una identidad propia, y lo más importante es que le aplicamos variedad de movimientos para hacerlo más expresivo. Dibuje con trazos muy sueltos, estos le ayudarán a enfatizar más cualquier movimiento y hacer que el dibujo del personaje quede gracioso y muy activo.

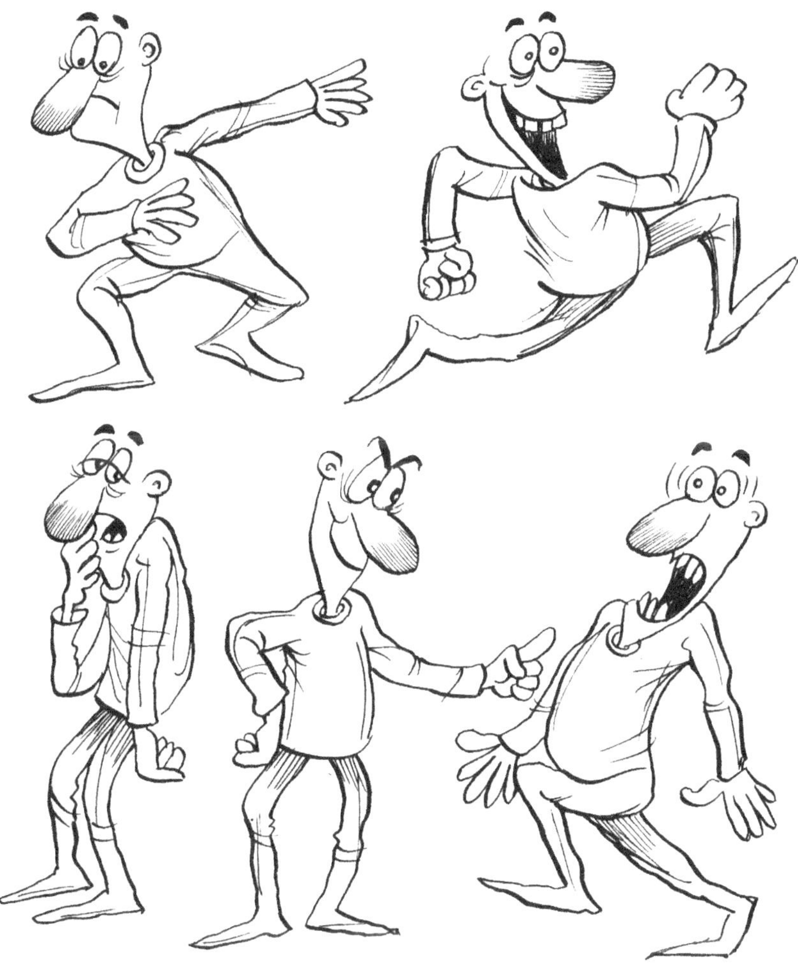

Haga varias prácticas de estos ejercicios, pero antes recuerde que los dibujos se empiezan con el lápiz de mina negra blanda para hacer el trazo del esquema básico de cada movimiento, para ir completándolo lentamente hasta llegar a su terminado final. Este terminado se puede hacer con plumilla y tinta china negra, plumígrafo o micropunta.

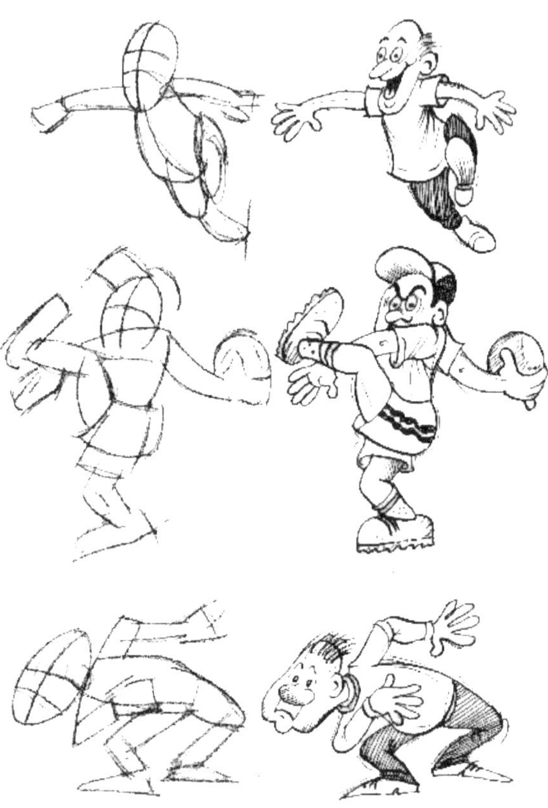

Niños

En el dibujo de humor se destacan los niños por su gracia espontánea y muy expresiva. En el momento de dibujarlos, se debe tener en cuenta que la cabeza guarda una proporción mayor con respecto al resto del cuerpo, esto con el fin de lograr el verdadero carácter de niño o de niña.

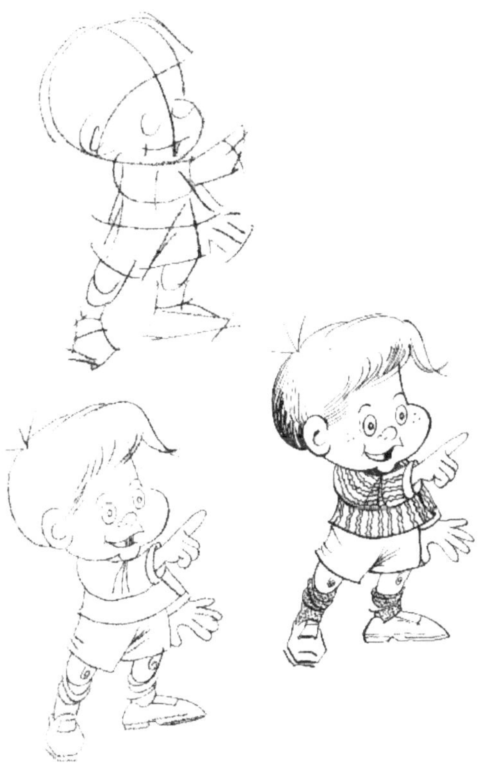

Las niñas por su gracia y delicadeza femenina, permiten un mayor detalle y cuidado en su dibujo para lograr los trazos de expresión deseados.

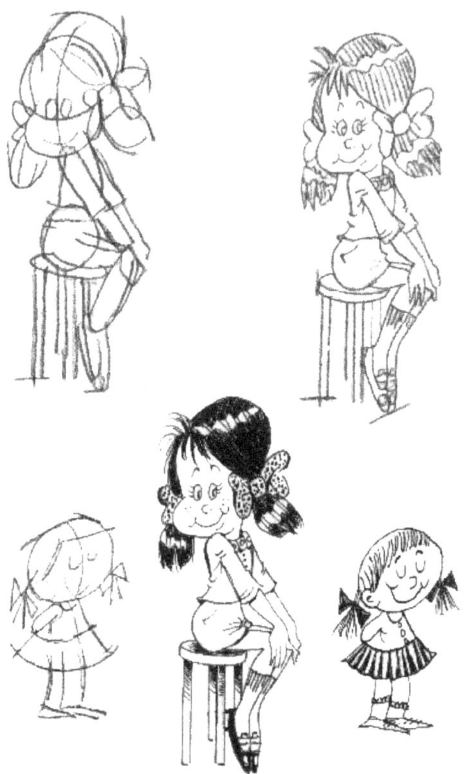

Figuras femeninas

En el dibujo femenino humorístico, es preciso tener en cuenta sus características físicas para determinar la edad en ellas. Por lo general dentro de este dibujo de humor, se trabaja con dos tipos de mujeres, las de edad avanzada y las jóvenes y bellas.

El dibujo de las mujeres de edad avanzada, permite que se haga con trazos y proporciones de máxima exageración, para resaltar su parte humorística.

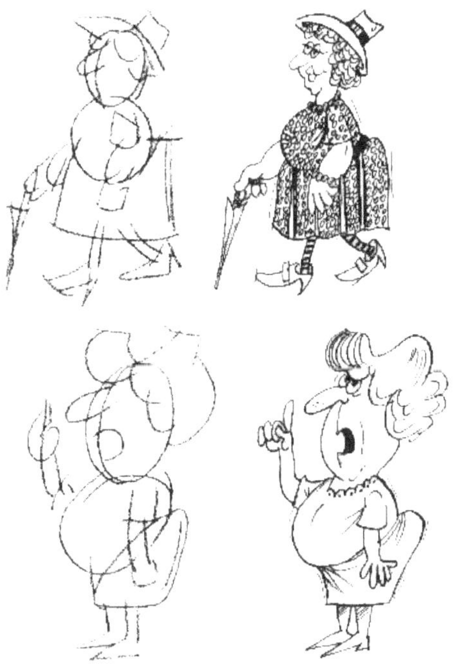

Para el dibujo de mujeres jóvenes y bellas, es necesario tener mayor cuidado en sus proporciones, es decir, no llevarlas a la exageración, sino mantenerlas dentro de los cánones de la figura femenina real, para que conserve su esbeltez, gracia y picardía.

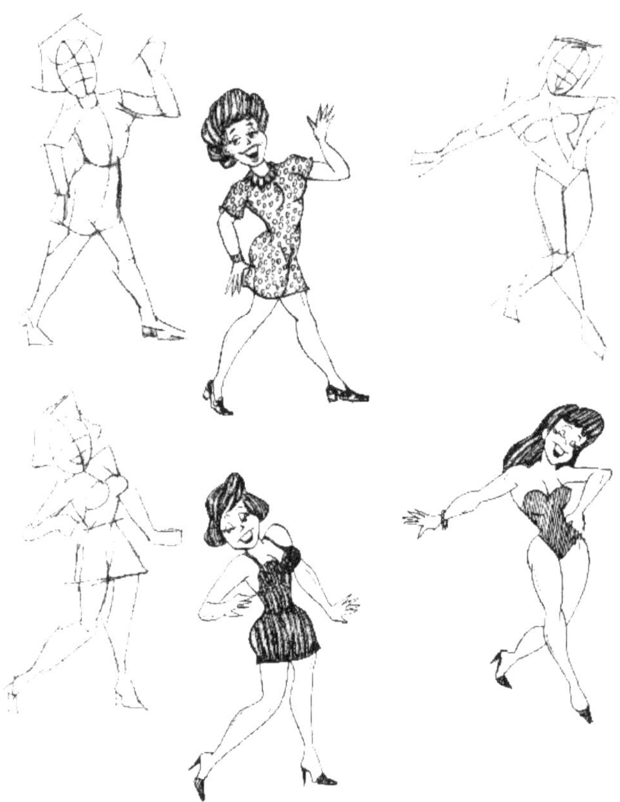

El uso de los cinco puntos

Cuando no se logra un manejo de movimientos bien expresivos en los "monos" se recurre, como ayuda, al uso de los cinco puntos.

Los cinco puntos se distribuyen así: uno para la cabeza, uno para la mano izquierda y otro para la mano derecha, uno para el pie izquierdo y otro para el pie derecho. Como ejemplo y de manera suelta, se han colocado los cinco puntos en el siguiente gráfico (Figura A). Estos mismos cinco puntos, en igual posición, se han repetido tres veces para dibujar tres movimientos diferentes, colocando indistintamente la cabeza, las manos y los pies (Figuras B, C, D).

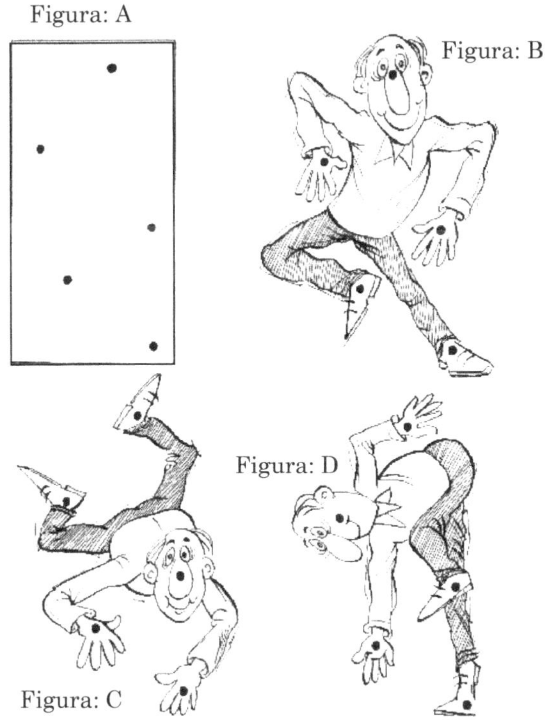

En esta página se muestran otros ejemplos de cómo utilizar los cinco puntos colocándolos de manera suelta y en diferentes posiciones, para encontrar movimientos diversos.

Haga varias prácticas colocando los cinco puntos a su gusto y a partir de ellos obtenga las figuras

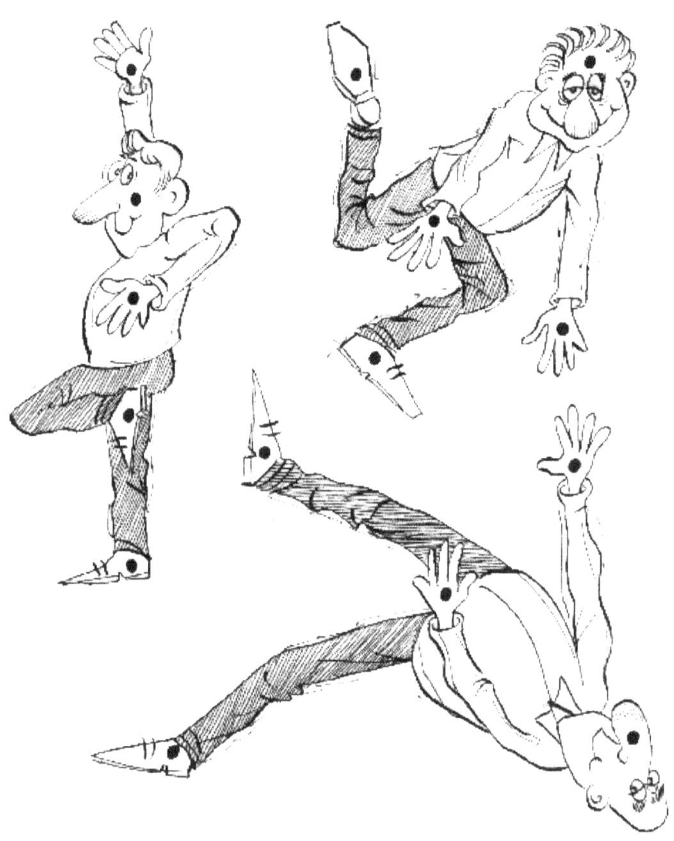

Cómo envejecer un personaje

Este ejercicio es interesante para comprender cómo los personajes van envejeciendo sin modificar ninguno de sus rasgos característicos (Figura A). Sólo con ir bajando lentamente la cabeza y acortando sus piernas (figuras B, C, D) se nota el cambio sorprendentemente. Con su propio estilo de dibujo haga varias prácticas de esta lección.

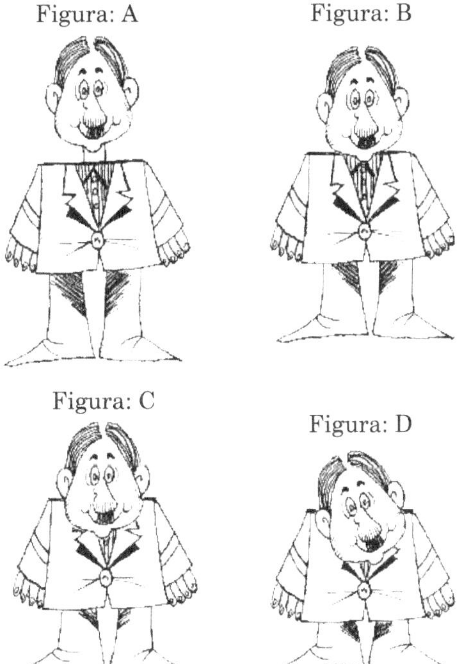

Figura: A Figura: B

Figura: C Figura: D

La familia

Aquí se indica, de una manera clara y sencilla, el proceso a seguir para dibujar una familia con características humorísticas muy particulares, como son las de mantener iguales los ojos, la nariz y la boca en cada uno de los miembros de la familia, para lograr así un mayor parecido entre ellos. No olvide tener en cuenta, al inicio del dibujo, el manejo de los ejes en cada rostro para encontrar la diferencia de edades.

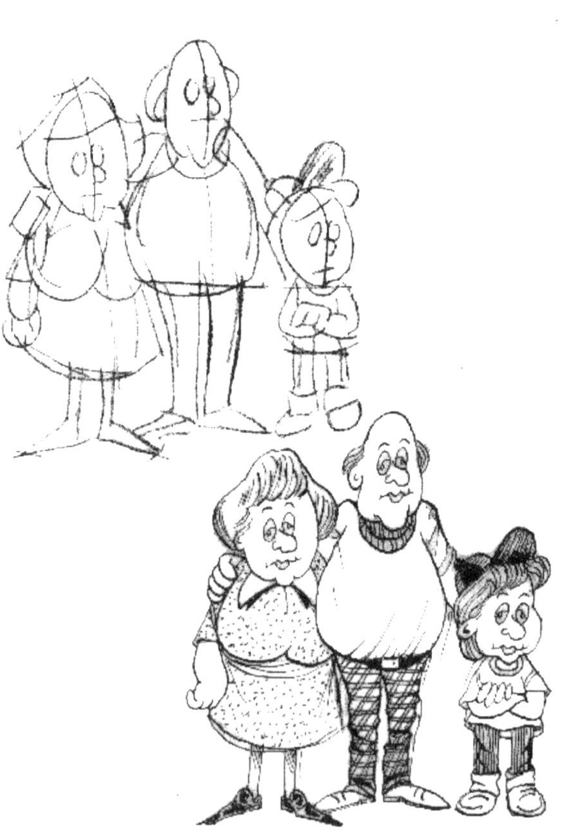

Los animales

Los animales también son muy importantes dentro del mundo del humor gráfico. Hay que caracterizar muy bien los movimientos y posturas en el momento de dibujarlos para exagerar lo más sobresaliente en cada uno de ellos y así responder a la realidad de sus características físicas propias. Entre más suelto y sencillo sea su trazo, mayor será su expresión.

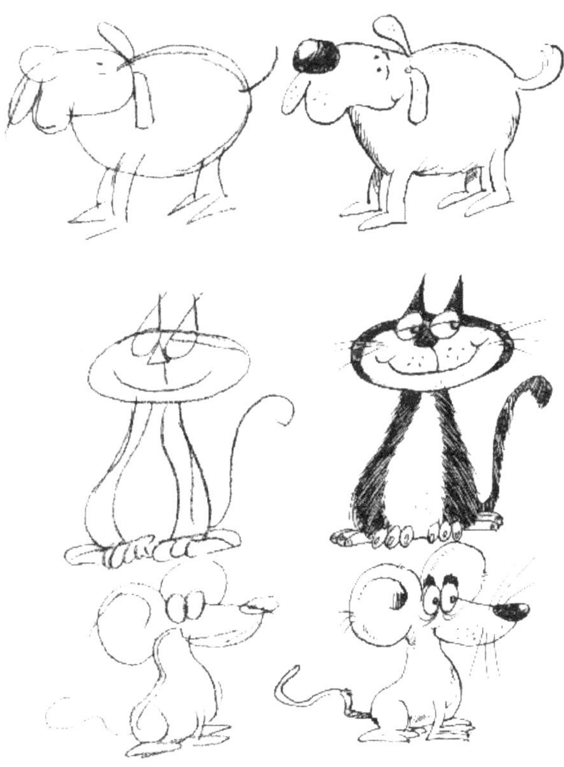

Sus expresiones humanizadas ayudan a enfatizar y sacar mayor provecho a lo humorístico que puede contener cada uno de los animales. Ese gato, perro o loro que hay en su casa o en la casa del vecino, serán un buen modelo para dibujarlos con las características propias del humor gráfico

No olvide que los trazos iniciales se hacen con lápiz de mina negra blanda para definir y encajar proporciones y expresiones

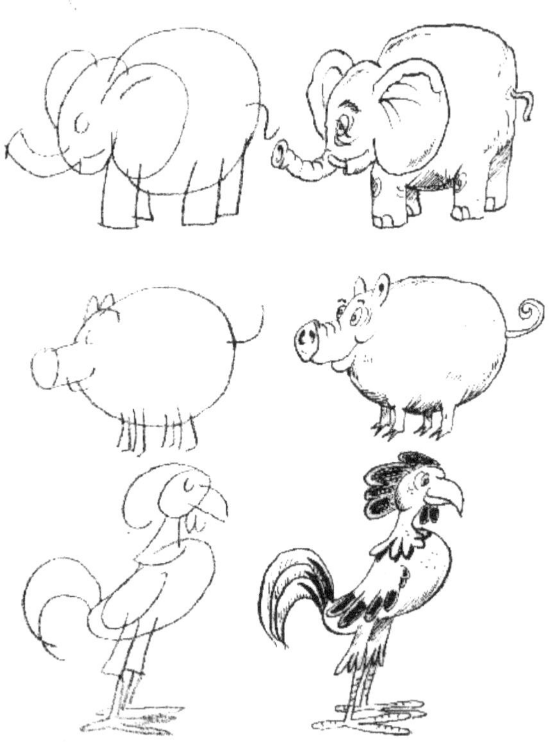

Objetos animados

Dentro del mundo del humor gráfico los objetos también pueden ser animados; quiere decir que pueden tener características humorísticas muy simpáticas con el apoyo de expresiones humanizadas. Esos objetos que usted tiene en su casa, como pueden ser el tenedor, el libro, el lápiz, el martillo, etc., no los mire tal como son, intente verlos animados colocándoles expresiones humorísticas diferentes. Practique e invente, con otros objetos, varias expresiones humanizadas.

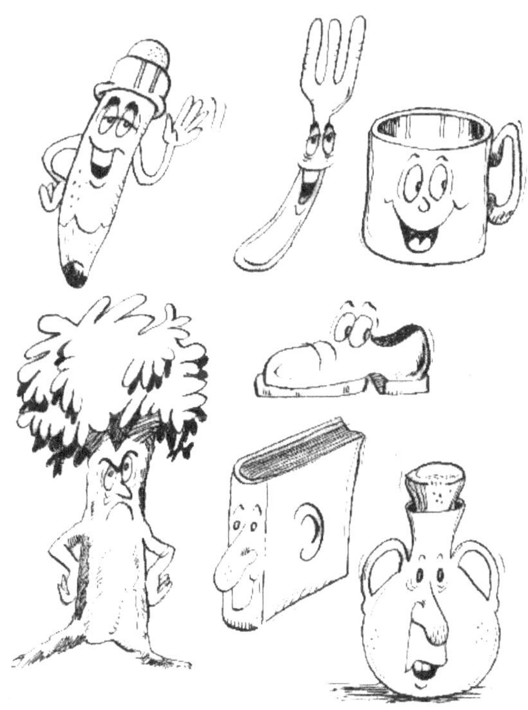

El lenguaje de las líneas

Esas diferentes líneas convencionales que vemos dibujadas alrededor de los "monos" en situaciones y actuaciones específicas, ayudan a enfatizar más las expresiones y estados de ánimo de cada uno de los personajes. Esas líneas no se colocan al azar, tienen un claro sentido de la forma y una correcta ubicación. Como lenguaje transmiten al lector lo que uno quiere que se perciba en cada una de las acciones de los objetos y de los personajes dibujados.

Observe cuidadosamente los siguientes ejemplos y aplíquelos a sus propios dibujos.

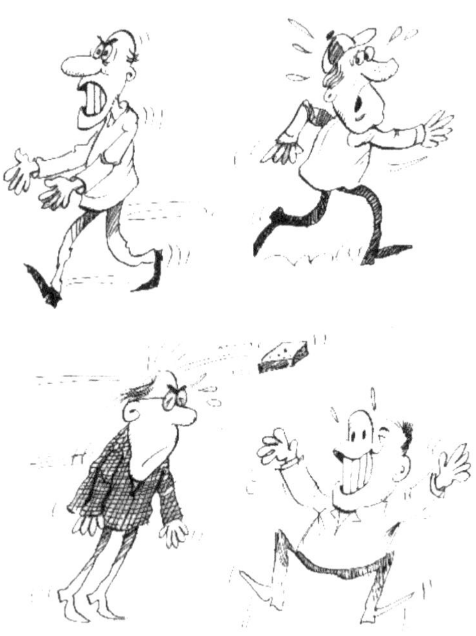

Bibliografía

Llobera, José y Oltra, Román. (1962). *Dibujo de historietas*. Ediciones Afha. Barcelona.

Del Río, Eduardo. (1983). *La vida de cuadritos*. Editorial Grijalbo, S. A. México.

Del Río, Eduardo. (1985). *El otro rius. Humor blanco*. Editorial Grijalbo, S. A. México.

Enciclopedia Juvenil Pala, tomo IV. *El arte del cómic*. Pala, S. A. San Sebastián.

Herner, Irene. (1979). *Mitos y monitos*. Editorial Nueva Imagen. México.

Eisner, Will. (1994). *El Cómic y el arte secuencial*. Norma Editorial, S.A. Barcelona.

Biblioteca Salvat de grandes temas. (1974). *Literatura de la imagen*. Salvat editores, S. A. España.

Gubern, R. (1972). *El lenguaje de los cómics*. Barcelona.

José Antonio. *El dibujo de humor*. Ediciones Ceac. España.

Rachitoff Infantas, Luis. (1981) *Historietas de ayer... y de hoy* Lima – Perú.

Quino. (1978) *Gente en su sitio.* Editorial Nueva Imagen, S.A. México, 1978.

Álbumes. *Grandes héroes (cómic).* Edición española: F. Planeta,S. A.

Jorge Peña R.

Realizó sus estudios en la Universidad Nacional de Colombia, donde obtuvo el título de Diseñador Gráfico, fue Profesor Asociado de la Facultad de Artes en la carrera de Diseño Gráfico, de la Universidad Nacional de Colombia, además se desempeñó como Director Curricular de la carrera de Diseño Gráfico en la misma universidad. Profesor de Humor Gráfico y Caricatura para el programa de Educación Continuada en la Facultad de Artes y Profesor de Expresión Gráfica en la carrera de Diseño Industrial de la Universidad Nacional de Colombia. Director de la Revista de Los Monos del periódico El Espectador, creador y director del primer periódico para niños titulado Amigo. Su trabajo como creador e ilustrador de varios personajes de historietas, como también, sus dibujos de caricaturas y humor gráfico, han sido publicados en varios periódicos y revistas de su país, Colombia.

Ha publicado Fácil Dibujar, enciclopedia de 3 tomos. Coautor y diseñador de la obra sobre informática, PC fácil, enciclopedia de 5 tomos. Libro compendio de caricaturas. Libro Fácil Dibujar, expresión artística.

Ha participado en eventos y exposiciones nacionales e internacionales de humor gráfico y caricatura. Obtuvo mención de mérito por la IX muestra internacional de Diseño Gráfico Humorístico Deportivo en Ancona, Italia. 1987.

Invitado como jurado por el Ministerio de Cultura, República de Colombia, para el *Premio Nacional Sin Formato 2006,* en la modalidad de *Cómic.*